INHALT

Das gehört zur Italienischen Küche	6
Antipasti	18
Suppen	30
Fleisch	40
Fisch	60
Geflügel	80
Paste	90
Beilagen	108
Pizza	118
Salate und Gemüse	128
Desserts	150
Rezeptverzeichnis	159

Die Säulen der guten Küche Italiens sind fest verankert in der Geschichte und in der Tradition eines Landes, das man kulinarisch leicht mit dem Schlaraffenland verwechseln könnte. Leider ist es auch in Italien nicht anders als in anderen Ländern, die Gaumenfreude beginnt mit der Zubereitung, und die muß gelernt sein. Wer nicht selbst mit Freude, Phantasie und Hingabe die Kunst der Zubereitung studiert und vielleicht sogar selbst ausprobiert, wird sicherlich den echten Genuß nicht kennenlernen. Die Italiener sind – wie die Franzosen – Genießer, und es galt schon bei den alten Römern als selbstverständlich, die *ars culinaria* zu beherrschen. Heute achtet der italienische „buon gustai" Feinschmecker sorgsam auf die Einhaltung der Speisenfolge. So ist es fast selbstverständlich, daß vor dem Essen ein Aperitif gereicht wird, um die Gäste und sich selbst auf die Genüsse des Menüs einzustimmen. Als Auftakt gibt es Antipasti, eine Auswahl von kleinen appetitanregenden Köstlichkeiten. Ihnen folgt, wie schon der Name sagt, die pasta; das sind Teigwaren, die auch durch eine Suppe ersetzt werden können. Dieser erste Gang „primo piatto" ist in Italien nicht wie bei uns Vorbereitung auf das Folgende, sondern er soll den ersten großen Hunger stillen. Die weiteren Gänge, wie Fleisch, Fisch, Geflügel, Gemüse, Salate und Süßspeisen, werden dann nur noch „per la gola" gegessen – um zu genießen.

Je nach Art des Menüs werden die Weine ausgewählt. Gekühltes Wasser in einer Karaffe wird dazu auf den Tisch gestellt. Ein ebenso unentbehrliches Utensil für den gedeckten italienischen Tisch ist der Korb mit frischem Weißbrot, denn es wäre eine Sünde, die feinen Soßen nicht mit diesem Brot auszutunken. Als weiteres gehört eine Menage mit Salz, Pfeffer, Essig und Öl auf den Tisch, um die Salate, die als Beilage serviert werden, selbst anzumachen. Am liebsten läßt sich der Italiener am Tisch bedienen, und da wiederum bevorzugt er den Tellerservice. Der Tisch wird meist weiß gedeckt und möglichst so, daß jeder Speisende genügend Platz hat, da der zweitwichtigste Grund, ein gutes Essen einzunehmen, die Unterhaltung ist. Zum Abschluß eines jeden Essens und zur Verdauung wird ein starker Kaffee oder Espresso gereicht. Wer danach noch Wünsche verspürt, der gibt sich der italienischen Hausapotheke hin, den würzigen Likören wie Sambuca oder Fernet branca, um nur zwei zu nennen.

Mit diesem Buch möchte ich Ihnen einige Rezepte aus meiner Heimat verraten, damit Sie diese Küche in Zukunft nicht nur während Ihres Urlaubs genießen können, sondern auch in der Lage sind, zu Hause mit der Familie oder mit Freunden diese Genüsse zu zelebrieren. Ein entsprechender Anlaß läßt sich immer finden. Die Rezepte sind für vier Personen berechnet, aber vielleicht sollte ich hierzu sagen, daß diese schon etwas Hunger mitbringen müssen, wenn Sie daraus ein Menü zusammenstellen, aber Sie kennen ja Ihre Familie oder Ihre Gäste, und es ist sicher ein Leichtes für Sie, danach die richtige Menge zu bemessen.

Nun wünsche ich Ihnen viel Spaß beim Nachkochen meiner Rezepte und viel Glück

Ihr

Das gehört zur Italienischen Küche

Gewürze

Wie in allen europäischen Küchen gibt es auch in Italien einige bevorzugte Gewürze, die immer wieder in den verschiedensten Variationen auftauchen. In der Küche sollten Sie ausschließlich frische Kräuter verwenden. Eine Möglichkeit, sie immer zur Verfügung zu haben, ist es, sie in einem Blumenkasten an der Fensterbank selbst zu ziehen. Falls Sie dazu keine Möglichkeit haben und frische Kräuter nicht bekommen, sollten Sie an eine Faustregel denken: 1 Bund Frischkräuter entspricht 1 gestrichenen Eßlöffel Trockenkräuter. Nun möchte ich Ihnen aber die wichtigsten Gewürze und Kräuter der italienischen Küche vorstellen:

Basilikum
Eines der beliebtesten Gewürze Italiens. Es hat einen pikant würzigen Geschmack und eignet sich besonders für Gemüse aller Art. Als Tomatengewürz ist es aus der Küche nicht wegzudenken.

Estragon
Der Estragon hat einen ganz bestimmten eigenartigen Geschmack. Er riecht stark aromatisch und schmeckt etwas bitter. In der Küche wird er für Salate und Gemüse verwendet sowie in Saucen zu Fisch und Wild.

Fenchelkraut
Der Geschmack des Krautes ähnelt dem des Anis und ist leicht süßlich. Verwendet wird es für Brotteige, zu Innereien, in Fischsuppen und für Geflügelragouts.

Knoblauch
Scheu vor dem Knoblauch kennt der Italiener nicht. Er schätzt dieses Gewürz, und fast bei jeder zweiten Speise wird es verwendet. Es wird gehackt oder mit Salz zu einer Paste verrieben und ist so Bestandteil der italienischen Küche.

Origano
In Deutschland auch unter dem Namen Dost bekannt, riecht angenehm würzig und ähnelt dem Majoran. Er ist ein beliebtes Gewürz für Pizza, Braten, Salate, Gemüse und Fisch.

Paprika
In erster Linie wird der edelsüße Paprika verwendet, um Saucen und Suppen abzurunden. Der Rosenpaprika wird nur dann genommen, wenn ein Gericht wirklich scharf sein soll.

Pfefferminze
Der Italiener verwendet sie für Süßspeisen und für Gemüse, aber auch in Saucen zu Fisch und Krustentieren. Am besten aber entfaltet sie ihr Aroma erst in Verbindung mit Lamm und Hammelfleisch – eine Delikatesse!

Rosmarin
Das frische, würzige Aroma dieses Krautes ist in der italienischen Küche eine willkommene Abwechslung. Man verwendet es zu Schweine- und Hammelfleisch ebenso wie zu Fisch und Gemüse.

Safran
Das würzig-bitter schmeckende und kräftig riechende Gewürz hat eine starke Farbkraft und wird vor allem bei Risotto und Fischsaucen oder Suppen verwendet.

Salbei
Die getrockneten Blätter des Salbeis sind meist aromatischer als die frischen. Man verwendet sie für Kalbfleisch, Fisch und Geflügelgerichte.

Thymian
Er riecht angenehm und schmeckt aromatisch. Italienische Köche bezeichnen dieses Kraut als Herz der raffinierten Küche. Dank seines intensiven Geschmacks sollte man ihn sparsam verwenden. Als Gewürz eignet er sich hervorragend für Wild, Geflügel, Innereien und Gemüse.

Gemüse

Da die Italiener im Gegensatz zu den Deutschen zu den Hauptgerichten sehr wenig Beilagen – wie Nudeln, Reis oder Knödel – servieren, sondern in erster Linie Gemüse, ist es natürlich nicht verwunderlich, dazu eine große Zahl feinster Rezepte zu finden. Gemüse und Salate werden aber nicht nur als Beilage gegessen, sondern auch in den verschiedensten Variationen als Vorspeise oder sogar als Hauptgang. Wer schon einmal die italienische Küche verkostet hat, dem wird sicherlich aufgefallen sein, daß eines der wichtigsten Gemüse die Tomate ist. In einem alten Buch wird sie 1554 als der goldene Apfel bezeichnet. Damals, als sie aus Peru über Spanien nach Italien kam, war sie tatsächlich goldgelb. Erst neapolitanischen Züchtern verdanken wir das heutige Aussehen. Ohne Zweifel gebührt ihr der 1. Platz auf der Liste der Gemüse- und Salatsorten.

Artischocke

Königin der Gemüse wird sie in Italien genannt und dort wie anderswo die Kartoffel als Volksnahrungsmittel geschätzt und als Delikatesse geachtet. Artischockenböden und -herzen werden als Gemüse zubereitet und als Beilage in Saucen und Eintöpfen verwendet.

Auberginen

Die gurkenähnlichen Früchte mit ihrer violetten Schale haben einen kürbisähnlichen Geschmack und sind auch unter dem Namen Eierfrüchte bekannt. Sie sollten nicht roh gegessen werden, da sie als Nachtschattengewächse einen Giftstoff enthalten, der sich aber beim Kochen verflüchtigt. Vor dem Verarbeiten werden sie kräftig gesalzen. Man läßt sie dann etwa ½ Stunde ziehen und spült sie anschließend mit kaltem Wasser ab. Auberginen werden als Gemüse gebacken, gebraten, gedünstet oder gefüllt in der Küche verwendet.

Avocados

Die birnenähnliche Frucht ist halb Gemüse und halb Obst. In Deutschland wird sie erst seit einigen Jahren angeboten, in Italien dagegen ist sie schon lange ein Bestandteil der Küche. Verzehrt wird das cremige, grünliche Fruchtfleisch, das nußartig schmeckt. Es sollte nach dem Öffnen der Frucht sofort mit Zitronensaft

beträufelt werden, da es sich unter Lufteinwirkung sehr schnell verfärbt. Verwendet wird die Avocado als Gemüsebeilage für Suppen, Salate und Desserts.

Cardy oder Kardonen
Man sagt, sie wäre die Urmutter der Artischocke und bezeichnet sie öfters auch als wilde Artischocke. Im Geschmack übertrifft sie sie nach Meinung der Feinschmecker jedoch weit. Verwendet werden die Herzen und die Innenblätter.

Fenchel
Das Herkunftsland dieses Gemüses ist Italien. Fenchel wird roh für Salate verwendet oder leicht blanchiert und mit Käse überbacken als Beilage gereicht. Er ist verdauungsfördernd und enthält neben wichtigen Mineral- und Aufbaustoffen viele Vitamine, wie Vitamin C, E und K.

Paprika
Trotz ihres ungarischen Namens hat die Paprikaschote einen sehr hohen Stellenwert in der italienischen Küche. Die Frucht hat im Rohzustand den höchsten Vitamin-C-Gehalt aller Gemüsearten; er ist 4- bis 6mal so hoch wie bei einer Zitrone. Verwendet werden in Italien alle 3 Sorten: die gelben, die roten und die grünen Schoten. Als Beilage, gefüllt oder roh werden sie hoch geschätzt.

Tomate
Sie ist reich an Vitaminen und Mineralsalzen und gehört zu den gesündesten Lebensmitteln überhaupt. In der Küche wird sie mit Schale für Salate verwendet, für alle heißen Gerichte geschält. Dabei wird der Strunk herausgeschnitten. Man schneidet die Frucht kreuzweise ein, anschließend wird sie 5 – 10 Sekunden in heißes Wasser gelegt, herausgenommen, kurz unter kaltem Wasser abgeschreckt. Die Haut läßt sich nun leicht ablösen.

Zucchini
Bei diesem mit am beliebtesten italienischen Gemüse handelt es sich um eine Kürbisart. Die kleinen jungen Flaschenkürbisse, die auch unter dem Namen Courgettes in Deutschland bekannt sind, werden wie Auberginen zubereitet, man muß sie aber nicht salzen. Auch roh können sie für einen Salat verwendet werden.

Obst

Ein Festmahl war kein Festmahl, wenn in Italien als Dessert nicht die Obstschale gereicht wurde. Ein Land, das mit so viel Sonne gesegnet ist, hat natürlich auch die besten Voraussetzungen für einen groß angelegten Obstbau.

Schon die alten Römer schätzten zum Beispiel den Apfel, und Plinius erwähnt in seiner Naturgeschichte rund 200 Arten, die damals angebaut wurden. Aber nicht nur der Apfel gehört in eine Obstschale. Vorzugsweise nimmt der Italiener hier Trauben, Orangen, Pfirsiche, Aprikosen, Erdbeeren, frische Feigen und Kirschen.

Aber auch eine andere klassische Zusammenstellung für ein Dessert kommt aus Italien: die Kombination von Obst und Käse. Und es gibt bestimmt niemanden, der im Urlaub nicht die köstlichen Melonen kennen- und schätzengelernt hätte.

Exoten

Dieser Name steht in Deutschland für Früchte, die aus fernen, sonnigen Ländern kommen. In Italien werden sie genauso geschätzt, und für die Feinschmeckerküche sind sie eine ausgezeichnete Ergänzung. Namen, die die Phantasie anregen: Granatäpfel, Kiwi, Guave, Kaki, Mango, Papaya, Maracuja und viele andere.

Feigen

Frische Feigen sind auch in Italien eine Delikatesse und lassen das Herz der Feinschmecker höher schlagen. Sie werden nicht nur als Dessert gereicht, sondern in der neuen italienischen Küche auch in Saucen zu Braten und Geflügel verwendet. Getrocknete Feigen werden hauptsächlich für die winterlichen Süßspeisen verarbeitet.

Melonen

Generell werden 2 verschiedene Melonensorten unterschieden: die Wassermelonen und die Zuckermelonen. Die Wassermelonen besitzen den typischen Melonengeschmack. Sie sind sehr wasserhaltig und dadurch sehr durstlöschend. Die Frucht kann sehr groß werden und besitzt eine dunkelgrüne Schale, das Fruchtfleisch dagegen ist hell- bis dunkelrot, je nach Reifegrad.

Die Zuckermelonen dagegen sind honigsüß, haben ein vorzügliches Aroma. Sie sind aber wesentlich kleiner. Die bekanntesten Sorten sind wohl die Honigmelonen und Ogenmelonen. In der italienischen Küche werden Melonen für Salate, als Vorspeise mit Parmaschinken oder für Desserts verwendet.

Trauben

Wem sind sie nicht bekannt, die großen, süßen Beeren, die dunklen und weißen Trauben. Weintrauben wurden schon bei den alten Ägyptern kultiviert und Homer beschrieb sie in seinen Epen. Zu den beliebtesten Sorten gehört die Datteltraube mit großen länglichen Beeren. Ähnlich große Beeren hat die Muskatellertraube, aber auch Trauben mit kleinen Beeren können in puncto Geschmack und Würze mit den großen leicht mithalten.

Zitrusfrüchte

Die ursprüngliche Heimat dieser Früchte war Südostasien und Australien. In der heutigen

Zeit könnte man sie sich gar nicht mehr aus der italienischen Küche wegdenken. Sie wachsen auf kleinen immergrünen Bäumen, und es gibt mittlerweile weit über 100 verschiedene Sorten. Die bekanntesten Arten sind Apfelsinen, Orangen, Zitronen, Limetten, Grapefruits, Mandarinen und Clementinen.

Teigwaren

Heute ist es leicht für die Köche oder die Hausfrauen, Nudeln auf den Tisch zu bringen. Die Industrie ermöglicht es jedem, beste Qualität und eine große Auswahl zu bekommen. Als Arbeit bleibt nur noch das Abkochen.
Man rechnet für 4 Personen etwa 300 – 400 g Nudeln. Diese kocht man in mindestens 4 Litern sprudelndem Salzwasser, das mit 1 EL Öl vermischt ist, „al dente". Dieses „al dente" bedeutet soviel wie „noch bißfest". Die Deutschen garen ihre Nudeln gern zu weich, der Italiener möchte sie noch beißen können.
Den Sizilianern gebührt es wahrscheinlich, die Erfinder der „pasta asciutta" zu sein. Im 18. Jahrhundert, als die Feinmehlbereitung durch verbesserte technische Mittel erleichtert wurde, begann ihr Siegeszug durch ganz Italien. Die Nudeln lösten die bis dahin bekannten Sattmacher ab, und sogar in Norditalien sind sie bis heute gegen ihre Konkurrenten Reis und Mais Sieger nach Punkten. Die meisten Arten der „pasta asciutta" werden heute aus feingemahlenem Weizenmehl zubereitet, für die hausgemachten Nudeln kennt die italienische Hausfrau eine Vielzahl von Rezepten; da werden dann auch Nudeln aus Vollkornmehl zubereitet.

Früher galt es als verpönt, für Lasagne, Cannelloni, Ravioli usw. fertige Nudeln zu kaufen, doch auch hier hat die Zeit gesiegt. Trotzdem möchte ich Ihnen ein Rezept für einen Nudelteig mit auf den Weg geben, damit Sie, wenn Sie Zeit und Lust haben, sich Ihre Nudeln selbst machen können: So wird's gemacht:

400 g feingemahlenes Weizenmehl auf ein großes Nudelbrett sieben, in die Mitte eine Mulde drücken und 4 Eier hineingeben. Mehl und Eier mit 1 Prise Salz, 1–2 EL Olivenöl zu einem geschmeidigen Teig verarbeiten. Zugedeckt an einer kühlen Stelle mindestens 1/2 Stunde ruhen lassen. Dann auf einer bemehlten Arbeitsfläche dünn ausrollen und nochmals 15 Minuten ruhen lassen. Anschließend schneidet man die Nudeln je nach Form und gewünschter Größe. In Italien gibt es hierfür eigens gezahnte Teigschneider oder Nudelmaschinen, die Sie sicher auch hier in Deutschland finden können. Wenn Sie größere Mengen der Nudeln zubereiten, können Sie diese trocknen und so in einem verschlossenen Glas aufheben.
Zum Schluß dieses kleinen Exkurses möchte ich Ihnen nun die bekanntesten Nudelsorten vorstellen:

Chifferi
Kurze Hörnchennudeln; sie sind innen hohl und an der Außenwand gerillt. Man unterscheidet Chifferi und Chifferoni.

Ditali
Sehr kleine, runde, hohle Nudeln. Man unterscheidet Ditalini, Ditali, Mezzi Canneroni.

Farfalle
Nudeln, die eine Schmetterlingsform haben. Man unterscheidet Farfalle und Farfalloni.

Finto gnocco
Kurze gedrehte Nudeln, die eine Schneckenform besitzen.

Penne
Kurze Nudeln, die quer geschnitten werden und innen hohl sind; eine kleinere Form wird als Pennini bezeichnet.

Rigatoni
Kurze Nudeln, die gerade geschnitten werden und innen hohl sind. Man unterscheidet die Größen Rigatoni, Mezzi Rigatoni, Sedani, Cannolicchi.

Tortiglioni
Kurze gedrehte Spiralnudeln.

Gefüllte Nudeln und Teigplatten

Agnolotti
Dies sind runde, sternförmig gefüllte Teigtaschen.

Cannelloni
Laut den Originalrezepten wird der zu Platten ausgerollte und ausgeschnittene Teig mit verschiedenen Füllmengen bestrichen, zu Rollen zusammengerollt und mit Sauce und Käse im Ofen gegart. Heute kann man fertige Cannelloni mit und ohne Füllung kaufen.

Lasagne
Diese Teigplatten werden für die Nudelaufläufe verwendet, die dann ihrerseits ihren Namen von den Nudeln haben: die Lasagne. Die verschiedenen Sorten sind Mezze Lasagne, Lasagne Verdi, Lasagne.

Ravioli
Die bekanntesten unter den gefüllten Teigtaschen. Sie sind viereckig. Die Füllung kann verschieden sein und z. B. aus Fleischfarce oder Spinat bestehen.

Tortellini
Mit verschiedenen Füllungen gefüllte Teigringe. Es gibt wiederum verschiedene Größen, unter anderem auch die Cappelletti.

Tortelloni
Dies sind Teigtaschen, die die Form eines Halbmondes haben.

Lange Nudeln

Linguine
Dies sind dünne, lange Bandnudeln in der Form von Spaghetti. Die Größen sind Linguine, Bavette und Trenette.

Maccheroni
Eine weitere sehr bekannte Nudelart. Sie ist lang und innen hohl. Die verschiedenen Sorten sind Bucatini, Maccheroni, Zite.

Spaghetti
Sie sind wohl die bekannteste Nudelart auf der ganzen Welt, und zu vielen Nudeln wird heute Spaghetti gesagt, obwohl es im Grunde gar keine sind. Spaghetti sind lange, dünne Nudeln ohne Hohlraum. Es gibt sie in der Größe Fidelini oder Capellini, Vermicellini, Vermicelli und Spaghetti.

Tagliatelle oder Fettuccine
Neben den Spaghetti eine der am häufigsten verwendeten Nudelsorten. Es sind Bandnudeln, die verschiedenen Größen sind Tagliatelline, Tagliatelle, Fettuce.

Wein

Sicherlich ist Italien mit eines der Länder, in denen am meisten Wein produziert, exportiert und getrunken wird. Aber erst seit 1963 wurde durch ein Dekret der Rahmen geschaffen, der die Norm für Namen und Herkunftsbezeichnung aller italienischen Weine festlegt. Die Produktion und der Verkauf werden genauso geregelt wie die Grenzen für die Anbaugebiete der Spitzenweine. Außerdem teilt dieses Gesetz die Weine in 3 Kategorien ein:

Origine Semplice
Bei diesen Weinen handelt es

sich um Produkte aus einer ganzen Region. Die Rebsorten müssen dort angebaut und nach alter Tradition gekeltert werden.

Origine Controllata
Bei diesen Weinen wird das Anbaugebiet genau begrenzt, das Keltern unterliegt genauen Produktionsvorschriften.

Origine Controllata e Garantita
Diese Weine haben außerdem noch eine Garantie, ein Gütezeichen für besonders erstklassige Weine und ein staatliches Siegel.

Als Italienreisender, aber auch als Käufer von italienischen Weinen sollten Sie auf einige Etikettenbezeichnungen achten:

Trocken (secco) – süßsüffig (abboccato) – lieblich (amabile) – sehr süß (dolce) – schäumend (spumante) – alt (vecchio) – veredelt (riserva) – edelst (superior) – erlesen, aus der besten Lage (classico).

Für den Italiener gehört der Wein zum Essen, und er ißt, um den Wein genießen zu können. Am schönsten ist es natürlich, wenn Sie die italienischen Weine an Ort und Stelle kennenlernen und dazu die kulinarischen Köstlichkeiten der jeweiligen Gegend dazu verkösten können.
Hier eine kleine Auswahl der vielen, vielen erstklassigen Weine:

Barbera
Ein Rotwein, der südöstlich von Asti wächst. Die Farbe ist rubinrot. Er hat ein frisches, intensives Weinaroma und ist leicht säuerlich.

Bardolino
Dieser Rotwein wächst in der Nähe von Verona und am Gardasee. Er hat eine helle Rotfärbung und ebenso wie der Barbera einen leicht säuerlichen Geschmack. Ein angenehm lieblicher Tischwein.

Barolo
Dieser Rotwein wächst hauptsächlich in Piemont in der Gegend um Cuneo. Seine Farbe ist kräftig rubinrot. Nach 6–7 Jahren bekommt er eine gelbliche, leicht orange Färbung. Sein Aroma ähnelt dem der Veilchen, er ist sehr erdig im Geschmack und vollmundig.

Chianti
Er wächst in der Gegend um Castellina in Chianti bei Siena und hat eine kräftige rubinrote Farbe. Wenn er alt wird, bekommt er ebenso wie der Barolo eine leicht orange Tönung. Der junge Chianti ist trocken, wird aber, je älter er ist, milder und samtiger.

Frascati
Das Anbaugebiet Castelli Romani bringt erstklassige Weine hervor. In der Gegend um Latium und Velletri wachsen die Weine Frascati Colonna und viele andere, die in der Farbe goldgelb und im Geschmack vollmundig und aromatisch sind.

Freisa
Der Wein wächst in der Gegend um Chieri bei Torino. Er ist granatrot. Sein Geschmack ist zart, sehr angenehm und wohlgefällig. Wenn der Wein jung ist, hat er einen etwas rauhen, herben Geschmack.

Lacrima Christi
Dieser Wein wächst in der Gegend von Neapel. Er hat eine kräftige gelbe Farbe sowie einen feinen und zarten Geschmack. Den Namen bekam dieser Wein von den Jesuiten, denen damals die Weinberge gehörten.

Lambrusco
Er wächst in der Gegend um Modena. Er hat eine starke rubinrote Farbe. Sein Aroma erinnert an den Duft von Veilchen und läßt auf der Zunge einen leichten süßlichen Geschmack zurück.

Moscatello
Er wächst in der Gegend von Sienna. Die Farbe ist hellgelb. Er hat ein zartes süßliches und perlendes Aroma.

Moscato Spumante
Dieser Schaumwein wächst in der Gegend um Asti. Von Natur aus hat er eine Bernsteinfarbe, für den Verkauf aber wird er heller eingefärbt. Er ist süß und hinterläßt einen zarten Geschmack auf der Zunge.

Orvieto
Er wächst in der Gegend um Orvieto in Umbrien. Die Farbe ist hellgold, er hat ein sehr charakteristisches Aroma und ist aromatisch, vollmundig und süffig.

Terlano
Er wächst in der Nähe von Bozen. Seine Farbe ist golden, mit einem leicht grünlichen Schimmer. Je älter der Wein wird, um so kräftiger ist seine Farbe. Er hat einen sehr aromatischen harten Geschmack.

Tocai
Er wächst in Norditalien in der Gegend um Udine. Die Farbe ist goldgelb mit einem leicht grünlichen Farbton. Der Wein ist trocken mit einem leicht bitteren, aromatischen Geschmack.

Valpolicella
Er wächst in der Gegend um Verona, er hat eine kräftige rubinrote Farbe und das Aroma von Bittermandeln.

Käse

Der Käse blickt ebenso wie viele andere Spezialitäten auf eine lange Vergangenheit zurück. Schon in der Antike kannte man die Kunst der Käseherstellung. Im Laufe der Jahrhunderte hat sie sich verfeinert. Es gibt wohl kein Land, das sich auf das Würzen mit Käse mehr versteht als Italien. Was wäre eine Minestrone oder ein Risotto ohne den würzigen Parmigiano, eine Pizza ohne Mozzarella oder eine Pasta mit Sugo ohne Pecorino. Sicherlich würde etwas fehlen. Damit auch Sie einen Einblick in die italienische Käseküche bekommen, habe ich die wichtigsten zusammengestellt.

Bel Paese
Es ist eine der jüngeren Käsesorten, die erst vor etwa 70 Jahren entstanden ist. Der Bel Paese ist ein milder Schnittkäse, der dem Bonbel sehr ähnelt. Er kommt aus der Lombardei.

Caciocavallo
Er ist dem Provolone sehr ähnlich, eine fetter Käse, der aus gesäuerter Kuhmilch hergestellt wird. Er ist in ganz Süditalien zu Hause, wird aber in erster Linie auf Sizilien hergestellt.

Fontina
Er ist mild pikant. Ein halbfester, fetter Käse, der vor allem für Käsefondues verwendet wird. Er stammt aus dem Val d'Aosta, dem Aostatal.

Gorgonzola
Dieser Käse ist auch in Deutschland schon sehr bekannt. Er ist ein Edelpilzkäse aus Kuhmilch, der einen würzig-scharfen Geschmack hat. Klassisch kann man ihn mit blauen Weintrauben als Dessert servieren.

Mascarpone
Dieser ungesalzene Rohkäse ist sehr sahnig. Er wird hauptsächlich in der Lombardei hergestellt.

Mozzarella
Dieser milde, leicht säuerliche Frischkäse wurde früher ausschließlich aus Büffelkuhmilch hergestellt. Da es heute schwierig ist, diese Milch zu bekommen, wird er immer mehr aus normaler Kuhmilch hergestellt.

Parmigiano
Dieser Hartkäse ist wohl auch im Ausland der bekannteste italienische Käse. Er ist scharfwürzig und wird nur in geriebener Form verwendet. Man unterscheidet 2 verschiedene Arten, den Parmigiano Reggiano und den Grana Padano. Beide dürfen nur in bestimmten Orten hergestellt werden.

Pecorino
Dieser harte, sehr scharfe Schafskäse wird in der italienischen Küche häufig verwendet. Hergestellt wird er in ganz Italien, er soll aber ursprünglich aus den Abruzzen stammen. Zur Verwendung in der Küche wird dieser Käse meistens gerieben.

Provolone
Es ist ein fetter Schnittkäse, der jung gegessen mild und sahnig ist, bei längerer Reifezeit immer schärfer und würziger wird. Er stammt aus Kampanien. Eine Abart dieses Käses ist der Provola, ein Räucherkäse.

Ricotta
Ricotta wird in Deutschland als Quark bezeichnet, allerdings bevorzugt der Italiener Ricotta aus Schafskäse. Ursprünglich wurde er in erster Linie in Süditalien und auf Sizilien hergestellt.

Stracchino
Dieser Käse ist mit dem Gorgonzola verwandt. Es ist ein säuerlicher Weichkäse, der noch nicht so ausgereift ist.

Antipasti

Kein Italiener läßt diese kulinarischen Kleinigkeiten aus, die den Appetit anregen und den Magen für weitere Köstlichkeiten öffnen sollen. Das Gesellschaftsspiel Schlemmen kann beginnen.

Caponata

Gemüsevorspeise

Zutaten für 4 Personen:

1 Aubergine
1 kleine Staudensellerie
1 Bund Frühlingszwiebeln
1 kleine Zucchini
1 Tasse Olivenöl
4 Tomaten
1 Glas gefüllte Oliven (12 Stück)
1 Röhrchen Kapern
1 EL Tomatenmark
½ Tasse Essig
1 TL Salz
1 TL Pfeffer aus der Mühle
1 Prise Zucker
1 Bund Origano
1 EL Pinienkerne

So wird's gemacht:

1. Die Aubergine in 1 cm große Würfel schneiden, auf ein Sieb geben, kräftig salzen und etwa 30 Minuten ziehen lassen. Unter kaltem Wasser abspülen und mit Küchenpapier trockentupfen.
2. Die Staudensellerie putzen, waschen und in 1 cm große Stücke schneiden, in Salzwasser 5 Minuten blanchieren.
3. Die Frühlingszwiebeln putzen, waschen und in dünne Ringe schneiden.
4. Die Zucchini in kleine Würfel schneiden.
5. Das Olivenöl in einem Topf erhitzen, die Auberginenwürfel darin goldgelb braten.
6. Die Frühlingszwiebeln und die Zucchiniwürfel dazugeben und kurz mitschwitzen.
7. Die abgetropfte Sellerie mit den enthäuteten, entkernten und in kleine Würfel geschnittenen Tomaten, den Oliven und den Kapern unter die Auberginen mischen.
8. Das Tomatenmark unterrühren, mit dem Essig ablöschen.
9. Vom Feuer nehmen, mit dem Salz, dem Pfeffer und dem Zucker abschmecken und erkalten lassen.
10. Vor dem Servieren mit dem frischgehackten Origano und den Pinienkernen bestreuen.

11. Die Caponata kann als kalte und als warme Vorspeise serviert werden. Sie eignet sich aber auch vorzüglich als warme Beilage zu gebratenem oder gedünstetem Schweine- und Rindfleisch.

Fritto misto di Mare

Gemischte Meeresfrüchte gebacken

Zutaten für 4 Personen:

1 kg gemischte Meeresfrüchte (Tintenfischringe, Sardinen, Scampis oder Seezungenfilets)
1 TL Salz
1 TL Pfeffer aus der Mühle
Saft einer Zitrone
einige Spritzer Worcestersauce

Für den Teig:

100 g Mehl
1 Prise Salz
1 Tasse lauwarmes Wasser
2 EL Öl
1 Eiweiß

Außerdem:

Öl zum Fritieren
2 Zitronen
1 Orange

So wird's gemacht:

1. Die küchenfertigen Meeresfrüchte unter fließendem Wasser abwaschen und trockentupfen.
2. Salzen und pfeffern, mit der Worcestersauce und dem Zitronensaft beträufeln, etwa 30 Minuten marinieren.
3. Das Mehl in eine Schüssel sieben, das Salz dazugeben und mit dem Öl zu einem Teig verarbeiten.
4. Diesen Teig im Kühlschrank 2 Stunden ruhen lassen.
5. Anschließend das steif geschlagene Eiweiß unter den Teig ziehen.
6. Das Fritierfett erhitzen, die Meeresfrüchte im Teig wenden und im Fett ausbacken.
7. Mit den Zitronenachteln und den Orangenachteln servieren.
8. Dazu reicht man frisches Stangenweißbrot und einen trockenen Weißwein. In verschiedenen Gegenden Italiens wird dazu aber auch eine Salsa Remoulada serviert. Sie besteht aus Mayonnaise, viel gemischten Kräutern, Zitronensaft und kleingehackten Kapern und Sardellenfilets.

Le Consiglio

In der italienischen Küche wird meistens reines kalt geschlagenes Olivenöl verwendet. Kalt gepreßtes Öl nicht zu kühl aufbewahren, da es bereits ab 6° C weißliche Flocken aus festen Fetten absetzt.

DER TIP

Lumache alla Maremmana

Weinbergschnecken nach Art der Maremmen

Zutaten für 4 Personen:

24 Weinbergschnecken mit Häuschen
4 EL Olivenöl
1 Zwiebel
4 Tomaten
2 Knoblauchzehen
1 rote Pfefferschote
1 Bund Pfefferminze
½ TL Salz
1 Prise weißer Pfeffer
Saft einer Limette
½ Tasse Weißbrotbrösel

So wird's gemacht:

1. Die Weinbergschnecken gut abtropfen lassen und in die Häuschen füllen.
2. Das Öl in einer entsprechenden Pfanne erhitzen.
3. Die Zwiebeln fein hacken und im Öl glasig schwitzen.
4. Die Tomaten enthäuten, entkernen und in kleine Würfel schneiden.
5. Die Knoblauchzehen mit Salz zerreiben, bis eine Paste entstanden ist, mit den Tomaten und der entkernten und feingehackten Pfefferschote zu den Zwiebeln geben und kurz mitschwitzen.
6. Die Pfefferminze verlesen, waschen, fein hacken und unter die Sauce rühren.
7. Mit dem Salz und dem Pfeffer abschmecken, mit dem Limettensaft leicht säuern.
8. Sauce auf die Schnecken verteilen, mit den Weißbrotbröseln bestreuen und im Ofen oder unter dem Grill backen.
9. Mit frischem Stangenweißbrot und einem trockenen Weißwein servieren.

Gefüllte Schiffchen

Zutaten für 4 Personen:

Für den Teig:

300 g Mehl
150 g Butter oder Margarine
½ – ¾ Tasse kaltes Wasser
1 Prise Salz

Für die Füllung:

50 g gekochter Schinken
150 g Krabben oder Crevetten
1 Tasse Mayonnaise
2 EL Tomatenketchup
2 cl Amaretto di Saronno originale
1 Prise Salz
1 Messerspitze weißer Pfeffer
1 Bund Basilikum

So wird's gemacht:

1. Für den Teig alle Zutaten vermischen, aber nicht zu stark kneten.
2. Teig ausrollen und wieder zusammenfalten.
3. Diesen Vorgang dreimal wiederholen und dazwischen den Teig jedesmal 10 Minuten ruhen lassen.
4. Anschließend ½ cm dick ausrollen, in Stücke teilen und mit bemehlten Händen kleine Schiffchen formen.
5. Auf ein gefettetes Blech setzen und bei 180 Grad etwa 15 Minuten backen.
6. Herausnehmen und erkalten lassen.
7. Für die Füllung den Schinken in kleine Würfel schneiden, mit den küchenfertigen Crevetten mischen.
8. Die Mayonnaise mit dem Ketchup und dem Amaretto verrühren, abschmecken und unter die Schinkenmischung rühren.
9. Mit dem Salz und dem Pfeffer abschmecken.
10. Füllung auf die Schiffchen verteilen, mit dem frisch gehackten Basilikum bestreut servieren.
11. Dazu reicht man getoastetes Weißbrot und einen trockenen Asti Spumante.

Pomodori al Pane Gratinati

Gefüllte Tomaten

Zutaten für 4 Personen:

4 große Tomaten
1 kleine Zwiebel
4 Anchovisfilets
100 g frische Champignons
Saft einer Zitrone
50 g frische Semmelbrösel
2 Knoblauchzehen
1 TL Salz
1 Bund Basilikum
1 Messerspitze schwarzer Pfeffer
½ Tasse geriebener Parmesan

So wird's gemacht:

1. Die Tomaten halbieren, entkernen und das Fruchtfleisch mit einem Teelöffel herauslösen.
2. Tomatenhälften mit der Öffnung nach unten auf ein Tuch legen und abtropfen lassen.
3. In der Zwischenzeit die Zwiebel, die Anchovisfilets, die geputzten und gewaschenen Champignons hacken.

4. Sofort mit dem Zitronensaft vermischen und mit den Semmelbröseln und dem gehackten Fruchtfleisch der Tomaten zu einer Masse verarbeiten.
5. Die Knoblauchzehen mit dem Salz zerreiben, mit dem gehackten Basilikum unter die Masse rühren und mit dem Pfeffer würzen.
6. Masse auf die Tomatenhälften verteilen, mit dem Parmesan bestreuen.
7. Im Ofen oder unter dem Grill überbacken und servieren.
8. Die gefüllten Tomaten werden warm oder kalt als Vorspeise oder heiß als Beilage zu gekochtem oder gebratenem Fisch gereicht.

Fonduta alla Piemontese

Piemonteser Käsefondue

Zutaten für 4 Personen:

400 g geriebener Käse (Fontina)
¼ l Milch
4 Eigelb
30 g Butter
1 TL Salz
½ TL Pfeffer
1 Prise Muskat

Außerdem:

Toastbrot oder Grissinis

So wird's gemacht:

1. Den Käse von der Rinde befreien und in kleine, dünne Stücke schneiden.
2. In eine Schüssel legen, mit der Milch bedecken und 5 bis 6 Stunden ziehen lassen.
3. Den Käse aus der Milch nehmen.
4. Mit den Eigelben und der Butter vermischen.
5. ½ Tasse der Milch dazugeben und alles zusammen im Wasserbad zu einer cremigen Masse auflösen.
6. Mit dem Salz, dem Pfeffer und dem Muskat würzen.
7. Mit dem gerösteten Toastbrot oder den Grissinis servieren.
8. Dazu reicht man einen halbtrockenen Weißwein.

Le Consiglio

Nicht immer bekommt man in Deutschland den Fontina, den vollfetten Käse aus dem Aosta-Tal. Verwenden Sie ersatzweise Chesterkäse. Falls Ihnen das Fondue einmal gerinnen sollte, kann man es leicht mit Speisestärke wieder binden.

DER TIP

Zucchini alla Scapese

Marinierte Zucchini

Zutaten für 4 Personen:

4 mittelgroße Zucchini
Saft von 2 Zitronen
etwa 1 Tasse Mehl
1 Tasse Olivenöl
2 Knoblauchzehen
1 TL Salz
1 Tasse Essig
1 Tasse Fleischbrühe
1 kleine Pfefferschote
1 Prise Zucker
1 Prise Pfeffer aus der Mühle
1 Bund Petersilie

So wird's gemacht:

1. Die Zucchini putzen, waschen und in dünne Scheiben schneiden.
2. Mit dem Zitronensaft beträufeln und 10 Minuten ziehen lassen.
3. In dem Mehl wenden und im heißen Olivenöl ausbacken.
4. In eine Form schichten.
5. Im verbliebenen Öl die mit dem Salz zerriebenen Knoblauchzehen glasig schwitzen.
6. Mit dem Essig und der Fleischbrühe ablöschen, die feingehackte Pfefferschote dazugeben und mit dem Zucker und dem Pfeffer abschmecken.
7. Über die Zucchinischeiben geben, mit der gehackten Petersilie bestreuen.
8. Zugedeckt mindestens über Nacht im Kühlschrank ziehen lassen.
9. Die Zucchini werden als kalte Vorspeise mit frischem Stangenweißbrot serviert.

Prosciutto di Parma con Melone

Parmaschinken mit Melone

Zutaten für 4 Personen:

1 Honigmelone
100 g dünngeschnittener Parmaschinken

Für die Sauce:

2 Tomaten
2 hartgekochte Eier
½ Tasse Olivenöl
½ Tasse Essig
½ Bund Petersilie
½ Bund Origano
½ TL Salz
1 Messerspitze gemahlener Pfeffer
1 Prise Zucker

So wird's gemacht:

1. Die Melone halbieren und mit einem Löffel die Kerne herausholen.
2. Die Melonenhälften vierteln.
3. Mit einem Messer das Fruchtfleisch von der Schale lösen, in 2 cm große Stücke schneiden und auf 4 Teller verteilen.
4. Den Parmaschinken ebenfalls auf den Tellern anrichten.
5. Für die Sauce die Tomaten enthäuten, entkernen, würfeln und mit den grob gehackten Eiern in einer Schüssel vermischen.
6. Das Olivenöl, den Essig und die gehackten Kräuter dazugeben.
7. Mit dem Salz, dem Pfeffer und dem Zucker abschmecken.
8. Sauce auf die Melonenstücke verteilen und mit frischem Stangenweißbrot servieren.
9. Dazu reicht man einen trockenen Rosé.

Sarde Fritte

Gebackene Sardinen

Zutaten für 4 Personen:

16 frische Sardinen
1 TL Salz
½ TL weißer Pfeffer
150 g geriebenen Käse (Provolone)
2 Knoblauchzehen
1 Bund Petersilie
etwa 1 Tasse Mehl
2 Eier
etwa 1 Tasse Semmelbrösel
1 Tasse Öl

So wird's gemacht:

1. Die Sardinen schuppen, Köpfe und Schwänze abschneiden, den Bauch ganz aufschneiden.
2. Rückengräte und die Eingeweide herausnehmen, ohne die Fische auseinanderzureißen.
3. Waschen, abtrocknen und auf einem Arbeitsbrett glatt ausbreiten.
4. Die Sardinen mit Salz und Pfeffer würzen.
5. Den Käse, die feingehackten Knoblauchzehen und die gehackte Petersilie miteinander vermischen.
6. Auf die Sardinen verteilen.
7. Sardinen zusammenklappen.
8. Zuerst im Mehl, dann in den verschlagenen Eiern und zum Schluß in den Semmelbröseln panieren.
9. Im erhitzten Öl ausbacken und sofort servieren.
10. Dazu reicht man Zitronenachtel, frisches Stangenweißbrot und einen trockenen Weißwein.

Le Consiglio

Die Sardine, auch Pilchard genannt, ist die Jugendform eines kleinen heringsähnlichen Fisches. Eine Delikatesse ist sie frisch gefangen, küchenfertig vorbereitet, in Butter gebraten, leicht gesalzen und gepfeffert und mit Zitrone gesäuert.

DER TIP

Suppen

Eigentlich kennt die italienische Sprache kein eigenes Wort für Suppe, die Bezeichnung „zuppa" wird nur für einige wenige Spezialitäten verwendet. Trotzdem sind die Italiener große Suppenfreunde, und jede Region hat ihre eigenen Suppenspezialitäten

Zuppa Pavese

Kraftbrühe mit Ei und Toast

Zutaten für 4 Personen:

4 mittelgroße Weißbrotscheiben
2 EL Butter oder Margarine
4 Eier
¾ l Fleischbrühe
½ TL Salz
1 Prise weißer Pfeffer
1 Messerspitze Muskat
4 EL geriebener Parmesan
1 Bund Origano

So wird's gemacht:

1. Die Weißbrotscheiben in je 4 gleich große Teile schneiden.
2. Das Fett in einer Pfanne erhitzen und die Brotscheiben darin rundherum goldgelb braten.
3. Herausnehmen und auf 4 Teller verteilen.
4. Je 1 Ei vorsichtig auf die Weißbrotscheiben geben.
5. Die erhitzte, mit dem Salz, dem Pfeffer und dem Muskat gewürzte Fleischbrühe angießen.
6. Im auf 180 Grad vorgeheizten Backofen so lange überbacken, bis das Eiweiß gestockt ist.
7. Vor dem Servieren mit dem Parmesan und dem frisch gehackten Origano bestreuen.

Brodetto di Pesce dolce Amaro

Süßsaure Fischsuppe

Zutaten für 4 Personen:

4 Zwiebeln
4 EL Olivenöl
4 Knoblauchzehen
1 TL Salz
¼ l Weißwein
¾ l Fleischbrühe
Saft einer Zitrone
½ Tasse Essig
1 kg gemischter Seefisch (Kabeljau, Sardinen, Makrelen usw.)
1 TL weißer Pfeffer
1 TL Origano
1 TL Thymian

So wird's gemacht:

1. Die Zwiebeln schälen, in dünne Scheiben schneiden.
2. Das Olivenöl in einem Topf erhitzen und die Zwiebeln darin glasig schwitzen.
3. Die mit Salz zerriebenen Knoblauchzehen dazugeben und kurz mitschwitzen.
4. Mit dem Weißwein ablöschen und mit der Fleischbrühe auffüllen.
5. Mit dem Zitronensaft und dem Essig leicht säuern.
6. Die Suppe bei mittlerer Hitze 15 Minuten köcheln lassen.
7. In der Zwischenzeit die Seefische putzen, waschen und eventuell in Stücke schneiden.
8. In die Suppe geben, mit dem Pfeffer, dem Origano und dem Thymian würzen.
9. Den Fisch in der Suppe etwa 15 Minuten gar ziehen und mit Weißbrot servieren.

Minestrone alla Milanese

Mailänder Gemüsesuppe

Zutaten für 4 Personen:

- 100 g Bohnenkerne
- 150 g durchwachsener geräucherter Speck
- 100 g roher Schinken
- 2 EL Butter oder Margarine
- 1 Zwiebel
- 2 Karotten
- 1 Stange Lauch
- 1 mittelgroße Zucchini
- 1¼ l Fleischbrühe
- 2 Knoblauchzehen
- 1 TL Salz
- 1 Lorbeerblatt
- 1 Messerspitze gemahlener Pfeffer
- 4 Tomaten
- 1 kleine Dose Erbsen
- 150 g gekochter Reis
- einige Zweige Salbei
- 1 Bund Basilikum
- 1 Tasse geriebener Parmesan

So wird's gemacht:

1. Die Bohnenkerne über Nacht einweichen.
2. Den Speck und den Schinken in kleine Würfel schneiden.
3. Das Fett in einem entsprechenden Topf erhitzen, den Speck und den Schinken darin auslassen.
4. Das Gemüse entsprechend putzen, waschen und in dünne Scheiben schneiden. Mit den abgetropften Bohnenkernen zum Speck geben und kurz mitschwitzen.
5. Mit der Fleischbrühe auffüllen und etwa 25 Minuten bei mittlerer Hitze köcheln lassen.
6. Die Knoblauchzehen mit dem Salz zerreiben, mit dem kleingeriebenen Lorbeerblatt in die Suppe geben und mit dem Pfeffer würzen.
7. In der Zwischenzeit die Tomaten enthäuten, entkernen und in kleine Würfel schneiden.
8. Anschließend mit den abgetropften Erbsen und dem Reis unter die Suppe rühren und weitere 10 Minuten köcheln lassen.
9. Den Salbei und das Basilikum verlesen, waschen, hacken und ebenfalls in die Suppe geben.
10. Vor dem Servieren nochmals abschmecken und mit dem Parmesan bestreuen.

Zuppa di Cipolla alla Toscana

Zwiebelsuppe aus der Toscana

Zutaten für 4 Personen:

500 g Frühlingszwiebeln
3 EL Schweineschmalz
1 kleine Pfefferschote
2 Knoblauchzehen
1 TL Salz
¼ l Weißwein
¾ l Fleischbrühe
1 Prise Salz
½ TL weißer Pfeffer
1 Messerspitze Muskat
1 Prise Zucker
1 Bund Majoran

Außerdem:

3 Weißbrotscheiben
3 EL Olivenöl
4 EL geriebener Schafskäse (Peccorino)

So wird's gemacht:

1. Die Zwiebeln putzen und in dünne Scheiben schneiden.
2. Das Schmalz in einem Topf erhitzen, die Zwiebeln mit der gehackten Pfefferschote, den mit dem Salz zerriebenen Knoblauchzehen zum Fett geben und glasig schwitzen.
3. Mit dem Weißwein ablöschen und mit der Fleischbrühe auffüllen.
4. Mit dem Salz, dem Pfeffer, dem Muskat und dem Zucker abschmecken.
5. Den Majoran fein hacken, in die Suppe geben. Zugedeckt bei mittlerer Hitze 15 Minuten köcheln lassen.
6. In der Zwischenzeit das Weißbrot würfeln und im Olivenöl goldgelb rösten.
7. Die Zwiebelsuppe auf Teller verteilen, mit den Brotwürfeln und dem geriebenen Schafskäse bestreuen und sofort servieren.

Le Consiglio

Für diese Zwiebelsuppe können Sie genausogut die großen milden Gemüsezwiebeln verwenden. Zwiebeln in jeder Form und Farbe sind reich an Vitamin C und deshalb sehr gesund.

DER TIP

Minestra di Carne Tritata

Hackfleischsuppe

Zutaten für 4 Personen:

3 EL Olivenöl
50 g durchwachsener Speck
250 g gemischtes Hackfleisch
1 Zwiebel
1 rote und
1 grüne Paprikaschote
1 mittelgroße Bleichsellerie
2 Knoblauchzehen
1 TL Salz
2 EL Tomatenmark
1 Tasse Rotwein
¾ l Fleischbrühe
1 TL Thymian
1 TL Rosmarin
1 Prise Salz
½ TL weißer Pfeffer
1 Tasse Sahne
1 Bund Petersilie
1 Tasse geriebener Parmesan

So wird's gemacht:

1. Das Olivenöl in einem Topf erhitzen und den feingewürfelten Speck darin auslassen.
2. Das Hackfleisch dazugeben und Farbe nehmen lassen.
3. Die Zwiebel und die Paprikaschoten entsprechend putzen und in dünne Streifen schneiden.
4. Die Bleichsellerie putzen und in dünne Scheiben schneiden.
5. Die Knoblauchzehen mit dem Salz zerreiben, mit dem Gemüse zum Hackfleisch geben und kurz mitschwitzen.
6. Das Tomatenmark unterrühren, mit dem Rotwein und der Fleischbrühe auffüllen, mit dem Thymian, dem Rosmarin, dem Salz und dem Pfeffer abschmecken und zugedeckt etwa 25 Minuten köcheln lassen.
7. Vor dem Servieren die Sahne unterziehen und mit der frisch gehackten Petersilie bestreuen.
8. Den geriebenen Parmesan extra dazu reichen.

Zuppa di Cozze
Muschelsuppe

Zutaten für 4 Personen:

1,5 kg Miesmuscheln
2 Zwiebeln
1 Bund Suppengrün
¼ l Weißwein
1 l Fleischbrühe
2 Lorbeerblätter
einige Wacholderbeeren
einige Pfefferkörner
1 TL Salz
½ TL weißer Pfeffer
1 Prise Zucker

Außerdem:

30 g Butter
30 g Mehl
einige Spritzer Worcestersauce
Saft einer Zitrone
1 Tasse Sahne
2 Eigelb
1 Bund Petersilie

So wird's gemacht:

1. Die Muscheln gründlich putzen und waschen.
2. Die Zwiebeln vierteln und mit dem Suppengrün, dem Weißwein, der Fleischbrühe, den Lorbeerblättern, den Wacholderbeeren und den Pfefferkörnern in einem Topf erhitzen und 15 Minuten köcheln lassen.
3. Mit dem Salz, dem Pfeffer und dem Zucker abschmecken.
4. Die Muscheln dazugeben und so lange kochen, bis sich alle geöffnet haben.
5. Dann die Muscheln herausnehmen und das Fleisch auslösen.
6. Anschließend die Butter in einem Topf auslassen und das Mehl einrühren, mit ¾ l des erkalteten und durchgeseihten Muschelsudes aufgießen.
7. Mit einem Schneebesen das Mehl glattrühren und 10 Minuten bei mittlerer Hitze köcheln lassen.
8. Mit der Worcestersauce, dem Zitronensaft, dem Salz und dem Pfeffer abschmecken, das Muschelfleisch dazugeben und erhitzen.
9. Die Sahne mit dem Eigelb verschlagen, Topf vom Feuer nehmen und die Suppe damit legieren.
10. Sofort mit der frisch gehackten Petersilie bestreut servieren.

Minestra di Zucchini

Zucchinisuppe

Zutaten für 4 Personen:

4 mittelgroße Zucchini
2 EL Olivenöl
2 Knoblauchzehen
1 TL Salz
1 kleine Pfefferschote
4 Tomaten
1 Tasse Weißwein
¾ l Fleischbrühe
½ Bund Petersilie
½ Bund Basilikum
½ TL Salz
¼ TL Pfeffer
aus der Mühle
1 Tasse Sahne

So wird's gemacht:

1. Die Zucchini putzen, waschen und in dünne Scheiben schneiden.
2. Das Öl in einem Topf erhitzen, die mit Salz zerriebenen Knoblauchzehen dazugeben, die gehackte Pfefferschote und die Zucchinischeiben darin kurz anschwitzen.
3. 10 Minuten zugedeckt bei mittlerer Hitze schmoren lassen.
4. In der Zwischenzeit die Tomaten enthäuten, entker-

Minestra di Riso con Lenticchie

Linsensuppe mit Reis

Zutaten für 4 Personen:

150 g Linsen
100 g durchwachsener Speck
2 Zwiebeln
2 EL Olivenöl
2 Knoblauchzehen
1 TL Salz
2 EL Tomatenmark
1 Tasse Weißwein
¾ l Fleischbrühe
4 Tomaten
Saft von 2 Zitronen
200 g gekochter Reis
1 Prise Salz
1 Prise Pfeffer aus der Mühle
1 Prise Zucker
50 g geriebener Schafskäse (Peccorino)

So wird's gemacht:

1. Die Linsen über Nacht einweichen.
2. Das Einweichwasser abgießen und mit frischem Salzwasser nicht zu weich garen.
3. In der Zwischenzeit den Speck und die Zwiebeln würfeln.
4. Das Öl in einem Topf erhitzen. Den Speck und die Zwiebeln mit den mit Salz zerriebenen Knoblauchzehen dazugeben und glasig schwitzen.
5. Das Tomatenmark unterrühren, mit dem Weißwein ablöschen und mit der Fleischbrühe auffüllen.
6. Die abgetropften Linsen, die enthäuteten, entkernten und in Würfel geschnittenen Tomaten, den Zitronensaft und den Reis dazugeben.

7. Alles zusammen erhitzen. Mit dem Salz, dem Pfeffer und dem Zucker abschmecken.
8. Vor dem Servieren den geriebenen Schafskäse untermischen.

Le Consiglio

Wie die Zwiebel so ist auch der Knoblauch in der italienischen Küche zu Hause. Er wird meistens nur gehackt und in Olivenöl glasig geschwitzt. Besser ist es aber, wenn Sie ihn mit Salz zu einer Paste zerreiben. Er kann sich dann leichter in der Speise verteilen.

DER TIP

...nen und in kleine Würfel schneiden.

5. Zu den Zucchini geben. Mit dem Weißwein ablöschen und mit der Fleischbrühe auffüllen.
6. Die verlesenen, gewaschenen und gehackten Kräuter dazugeben und weitere 5 Minuten köcheln lassen.
7. Vor dem Servieren mit dem Salz und dem Pfeffer abschmecken, und mit einem Klacks der geschlagenen Sahne garnieren.

Fleisch

Böse Zungen behaupten ja, die Italiener verstünden es nicht, Fleisch zuzubereiten. Wer dies behauptet, sollte sich durch die nachfolgenden Rezepte eines Besseren belehren lassen. Geradezu eine Delikatesse sind die gedünsteten, gebratenen oder gekochten Stücke von Lamm, Schwein, Kalb und Rind.

Cosciotto di Agnello alla Toscana

Toskanische Lammkeule

Zutaten für 4 Personen:

250 g rote Bohnen
1 kg Lammkeule ohne Knochen
4 Knoblauchzehen
1 TL Salz
1 EL Thymian
1 EL Rosmarin
1 EL Origano
½ Tasse Olivenöl
1 große Dose geschälte Tomaten
1 Tasse Rotwein
1 Prise Salz
½ TL gemahlener Pfeffer
etwas Speisewürze

So wird's gemacht:

1. Die Bohnen über Nacht einweichen. Anschließend mit frischem Salzwasser nicht zu weich kochen.
2. Die Lammkeule unter fließendem Wasser abspülen, trockentupfen, eventuell mit einer Küchenschnur binden.
3. Die Knoblauchzehen mit dem Salz zerreiben, mit den Kräutern und dem Öl vermischen.
4. Die Keule damit gleichmäßig einstreichen.
5. In einem Schmortopf auf allen Seiten anbraten.

Cotelette di Agnello alla Pastorella

Lammkoteletts nach Art der Schäferin

Zutaten für 4 Personen:

12 Lammkoteletts
Salz
Pfeffer
etwa 1 Tasse Mehl
1 Tasse Olivenöl
250 g schwarze Oliven
1 Pfefferschote
4 Knoblauchzehen
Saft von 2 Zitronen
1 Bund Origano
½ TL Salz
½ TL weißer Pfeffer
aus der Mühle
1 Prise Zucker

So wird's gemacht:

1. Die Lammkoteletts salzen, pfeffern, in Mehl wenden und im Öl je nach Geschmack braten.
2. Herausnehmen und warm stellen.
3. Im verbliebenen Bratfett die entkernten und geviertelten Oliven kurz anschwitzen.
4. Die gehackte Pfefferschote und die gehackten Knoblauchzehen dazugeben, mit dem Zitronensaft ablöschen und gehackten Origano daruntermischen.
5. Mit dem Salz, dem Pfeffer und dem Zucker abschmekken.
6. Die Koteletts auf einer Platte anrichten, mit der Sauce überziehen.
7. Dazu reicht man in Butter gedünstete Karotten und gekochte und leicht gebratene Kartoffeln. Als Getränk paßt ein junger Rotwein.

6. Die Tomaten mit dem Sud durch ein Sieb in den Topf passieren, mit dem Rotwein angießen.
7. Zugedeckt bei mittlerer Hitze etwa 80 bis 90 Minuten schmoren lassen.
8. Kurz vor Garende die abgetropften Bohnen dazugeben.
9. Die Sauce mit dem Salz, dem Pfeffer und der Speisewürze abschmecken.
10. Mit frischen Salaten oder im Ofen gebratenen Kartoffeln servieren. Als Getränk paßt hierzu ein kräftiger Rotwein.

Abbacchio con Salsa di Limone

Milchlamm in Zitronensauce

Zutaten für 4 Personen:

750 g Lammschulter
100 g durchwachsener Speck
4 EL Olivenöl
250 g Zwiebeln
2 EL Mehl
¼ l Weißwein
½ l Fleischbrühe
1 TL Salz
½ TL weißer Pfeffer
1 Bund Zitronenmelisse
1 EL grüne Pfefferkörner
½ Tasse Zitronensaft
4 Eigelb

So wird's gemacht:

1. Die Lammschulter unter fließendem Wasser abwaschen, trockentupfen und in 2 cm große Würfel schneiden.
2. Den Speck in kleine Würfel schneiden.
3. Das Olivenöl in einem Topf erhitzen, den Speck auslassen, das Fleisch dazugeben und auf allen Seiten Farbe nehmen lassen.
4. Die in Scheiben geschnittenen Zwiebeln dazugeben und kurz mitschwitzen.
5. Mit dem Mehl bestäuben, mit dem Weißwein ablöschen und mit der Fleischbrühe auffüllen.
6. Salzen, pfeffern, die gehackte Zitronenmelisse und die Pfefferkörner dazugeben und zugedeckt bei mittlerer Hitze etwa 60 Minuten köcheln lassen.
7. Den Zitronensaft mit den Eigelben verrühren.
8. Das Lammgulasch abschmecken und die Zitronen-Ei-Mischung unterrühren.
9. Unter ständigem Rühren die Eier stocken lassen. Nicht kochen, sonst gerinnt das Eigelb.
10. Wenn die Sauce sämig ist, sofort servieren.
11. Dazu reicht man „al dente" gekochte Spaghetti und einen Kopfsalat mit Zitronendressing. Als Getränk paßt ein trockener Rosé.

Rognoni di Montone

Hammelnieren

Zutaten für 4 Personen:

500 g Hammelnieren
etwa ½ Tasse Mehl
50 g Butter oder Margarine
250 g Perlzwiebeln
100 g roher Schinken
1 Dose geschälte Tomaten
1 Bund Basilikum
½ Tasse Crème fraîche
½ TL Salz
½ TL weißer Pfeffer
1 Prise Zucker
2 cl Marsala

So wird's gemacht:

1. Die Hammelnieren unter fließendem Wasser abwaschen, trockentupfen, in Scheiben schneiden, das Fett entfernen und mit dem Mehl bestäuben.
2. Die Butter in einer Pfanne erhitzen und die Nierchen darin Farbe nehmen lassen.
3. Herausnehmen und warm stellen.
4. Im verbliebenen Bratfett die Perlzwiebeln anschwitzen.
5. Den in Streifen geschnittenen Schinken dazugeben und kurz mitschwitzen.

6. Die geschälten Tomaten durch ein Sieb streichen und dazugeben.
7. Das gehackte Basilikum und die Crème fraîche unterrühren.
8. Mit dem Salz, dem Pfeffer und dem Zucker abschmecken. Mit dem Marsala aromatisieren.
9. Die Nierchen unterrühren, erhitzen, aber nicht kochen lassen.
10. Mit Butterreis und gemischtem Salat servieren.

Ossobuco alla Milanese

Geschmorte Kalbshaxe „Mailänder Art"

Zutaten für 4 Personen:

4 Stück Kalbshaxenscheiben (etwa 5 cm dick mit Knochen und Mark, etwa 300 g schwer)
etwa ½ Tasse Mehl
½ Tasse Olivenöl
1 Zwiebel
2 Karotten
1 kleine Staudensellerie
2 Lorbeerblätter
¼ l trockener Weißwein
1 Dose geschälte Tomaten
1 EL Tomatenmark
½ TL Salz
½ TL weißer Pfeffer

Für die Gremolata:

2 Knoblauchzehen
1 EL geriebene Zitronenschale
1 Bund Petersilie

So wird's gemacht:

1. Die Kalbshaxenstücke in dem Mehl wenden.
2. Das Öl in einem großen Topf erhitzen und die Haxen auf beiden Seiten scharf anbraten, herausnehmen und beiseite stellen.
3. Das entsprechend geputzte, gewaschene und in kleine Würfel geschnittene Gemüse ins verbliebene Bratfett geben und kurz andünsten.
4. Die Lorbeerblätter dazugeben, mit dem Weißwein ablöschen, die Tomaten und das Tomatenmark unterrühren.
5. Salzen, pfeffern, das Fleisch dazugeben und zugedeckt bei mittlerer Hitze etwa 1½ Stunden schmoren.
6. In der Zwischenzeit für die Gremolata die Knoblauchzehen fein hacken, mit der Zitronenschale und der gehackten Petersilie mischen.
7. Vor dem Servieren nochmals abschmecken, eventuell die Sauce bei offenem Topf kurz einkochen lassen, anrichten und mit der Gremolata bestreuen.
8. Dazu reicht man ein Risotto alla Milanese, bestehend aus Reis, Parmesan, Safran und Petersilie. Als Getränk paßt hier ein kräftiger Rotwein.

Animelle di Vitella al Forno
Überbackenes Kalbsbries

Zutaten für 4 Personen:

600 g Kalbsbries
4 EL Butter oder Margarine
Saft von 2 Zitronen
einige Spritzer Worcestersauce
1 Glas Weißwein
2 Knoblauchzehen
1 TL Salz
1 Bund Zitronenmelisse
150 g schwarze Oliven
1 Röhrchen Kapern
1 Prise Salz
1/4 TL weißer Pfeffer
150 g in Scheiben geschnittener Fontinakäse

So wird's gemacht:

1. Das Bries 2 Stunden wässern, dabei öfter das Wasser wechseln.
2. Anschließend in Salzwasser blanchieren.
3. Herausnehmen und sorgfältig die Häutchen entfernen.
4. Nochmals abwaschen, trockentupfen und in Stücke schneiden.
5. In einer feuerfesten Form das Fett auslassen und die Briesstücke goldgelb rösten.
6. Mit dem Zitronensaft, der Worcestersauce und dem Weißwein begießen.
7. Die mit Salz zerriebenen Knoblauchzehen, die gehackte Zitronenmelisse, die entkernten, geviertelten Oliven und die Kapern zum Bries geben.
8. Aufkochen lassen und vom Feuer nehmen. Salzen, pfeffern und mit dem Käse bedecken.
9. Im Ofen oder unter dem Grill überbacken und sofort servieren.
10. Als Beilage eignet sich hierfür die Melanzane alla Parmigiana und Feldsalat mit Zitronendressing. Als Getränk reicht man einen trockenen Rosé.

Le Consiglio

Das Bries wird in Deutschland auch Milcher genannt. Es ist die Wachstumsdrüse des Kalbs, und wird als Delikatesse im Handel angeboten. Es soll frisch verarbeitet werden.

DER TIP

Arrosto di Vitello Ripieno di Parma

Gefüllter Kalbsrücken aus Parma

Zutaten für 4 Personen:

Für die Füllung:

500 g Spinat
4 EL Butter oder Margarine
2 Eier
½ Tasse geriebener Käse (Pel Paese)
½ Tasse Semmelbrösel
1 Bund Estragon
¼ TL Salz
¼ TL gemahlener Pfeffer
1 Prise Muskat
80 g dünn geschnittener Parmaschinken

Außerdem:

1 kg Kalbsrücken ohne Knochen (vom Metzger zum Rollen vorbereiten lassen)
½ Tasse Olivenöl
1 Bund Suppengemüse
Saft einer Zitrone
¼ l Weißwein
¼ l Fleischbrühe

So wird's gemacht:

1. Den Spinat putzen, waschen und im Fett kurz anschwitzen.
2. Herausnehmen und grob hacken.
3. Mit den Eiern, dem Käse und den Semmelbröseln in einer Schüssel vermischen.
4. Den gehackten Estragon unterziehen, mit dem Salz, dem Pfeffer und dem Muskat abschmecken.
5. Den Kalbsrücken auf einer Arbeitsfläche auslegen, salzen und pfeffern.
6. Mit dem Schinken belegen und die Masse darauf gleichmäßig verteilen.
7. Zusammenrollen und mit einer Küchenschnur binden.
8. Das Öl in einem Bräter erhitzen und das Fleisch darin rundherum Farbe nehmen lassen.
9. Das geputzte, gewaschene Suppengemüse dazugeben und bei 180 Grad etwa 75 Minuten garen.
10. Während des Bratvorgangs mit dem Zitronensaft, dem Weißwein und der Fleischbrühe öfters ablöschen.
11. Nach Ende der Garzeit die Sauce durch ein Sieb passieren, mit Salz und Pfeffer abschmecken.
12. Den Braten aufschneiden, mit der Sauce übergießen und servieren.
13. Dazu reicht man Gemüse der Saison und gebratene Kartoffeln.

Vitello all'uccelletto con Formaggio

Geschnetzeltes Kalbfleisch in Käserahm

Zutaten für 4 Personen:

800 g Kalbsfilet
½ Tasse Olivenöl
2 Knoblauchzehen
1 TL Salz
1 Bund Salbei
2 Zwiebeln
1 Tasse Weißwein
Saft einer Zitrone
1 EL geriebene Zitronenschale
1 Tasse Sahne
1 Prise Salz
1 Messerspitze weißer Pfeffer
4 EL geriebener Parmesan

So wird's gemacht:

1. Das Kalbsfilet unter fließendem Wasser abwaschen, trockentupfen und in dünne Scheiben schneiden.
2. Das Olivenöl in einer Pfanne erhitzen, die mit dem Salz zerriebene Knoblauchzehe und den feingehackten Salbei dazugeben.
3. Das Filet darin unter ständigem Wenden 3 bis 4 Minuten braten.
4. Herausnehmen und warm stellen.
5. Im verbliebenen Bratfett die feingehackten Zwiebeln glasig schwitzen.
6. Mit dem Weißwein und dem Zitronensaft ablöschen.
7. Die geriebene Zitronenschale und die Sahne dazugeben und alles gut verkochen lassen.
8. Mit dem Salz und dem Pfeffer abschmecken, den Parmesan und das Fleisch dazugeben, erhitzen, aber nicht mehr kochen lassen.
9. Mit „al dente" gekochten Spaghetti und gemischtem Salat servieren. Dazu paßt ein trockener Weißwein.

Le Consiglio

Kalbfleisch ist immer noch eine Delikatesse und entsprechend teuer. Achten Sie gerade deshalb beim Einkauf auf Qualität. Das Fleisch, das eine rosa bis hellrote Farbe hat, ist geschmacklich das Beste. Beim kurzgebratenen Fleisch darauf achten, daß es nicht ganz durch gebraten wird, es trocknet sonst aus.

DER TIP

Saltimbocca alla Velio

Velio's Saltimbocca

Zutaten für 4 Personen:

8 kleine Kalbsschnitzel (à 80 g)
8 mittelgroße Salbeiblätter
8 Scheiben roher Schinken
½ TL Salz
½ TL weißer Pfeffer
etwa ½ Tasse Mehl
3 Eier
½ Tasse geriebener Parmesan
75 g Butter oder Margarine

So wird's gemacht:

1. Die Kalbsschnitzel leicht klopfen und auf einer Arbeitsfläche auslegen.
2. Mit je 1 Salbeiblatt und 1 Scheibe rohem Schinken belegen.
3. Mit Zahnstochern auf dem Fleisch flach feststecken.
4. Salzen, pfeffern und in dem Mehl wenden.
5. Die Eier verschlagen, den Käse unterrühren, salzen und pfeffern.
6. Das Fett in einer Pfanne erhitzen, die Schnitzelchen im Ei wenden und in der Butter langsam braten.
7. Dazu reicht man grüne Nudeln in einer Tomaten-Käse-Sahne-Sauce und grünen Salat mit Essig und Öl angemacht. Als Getränk paßt hier ein trockener Rotwein.

Filetto alla Partenopea

Filetsteak à la Partenopea

Zutaten für 4 Personen:

800 g Rinderfilet am Stück
½ Tasse Öl
100 g durchwachsener Speck
1 Karotte
1 Zwiebel
1 Dose geschälte Tomaten
2 Knoblauchzehen
1 Bund Thymian
½ TL Salz
½ TL schwarzer Pfeffer
1 Tasse Fleischbrühe

Außerdem:

500 g frische Steinpilze
50 g Butter oder Margarine
½ Tasse Weißwein
1 Bund Petersilie

So wird's gemacht:

1. Das Filet in 8 gleich große dünne Scheiben schneiden.
2. Die Hälfte des Öls in einer Pfanne erhitzen, den kleingewürfelten Speck darin auslassen.
3. Die Karotte und die Zwiebel schälen, fein würfeln und zum Speck geben, kurz mitschwitzen.
4. Die geschälten Tomaten durch ein Sieb in die Pfanne geben.
5. Die feingehackte Knoblauchzehe und den Thymian unterrühren.
6. Mit dem Salz, dem Pfeffer würzen und mit der Fleischbrühe auffüllen. Zugedeckt etwa 10 Minuten köcheln lassen.
7. In der Zwischenzeit die Steinpilze putzen, in Scheiben schneiden und in der Butter kurz anschwitzen.
8. Mit dem Weißwein ablöschen, salzen und pfeffern.
9. Die Steaks im verbliebenen Öl je nach Geschmack medium oder durchbraten, salzen, pfeffern und anrichten.
10. Mit der Sauce überziehen und die Steinpilze obenauf verteilen. Mit der frisch gehackten Petersilie bestreuen.
11. Dazu reicht man mit Knoblauch gewürzten Brokkoli und frisches Weißbrot. Als Getränk einen halbtrockenen Rosé.

Bue Bollito alla Diavolo

Gekochtes Ochsenfleisch „Teufels Art"

Zutaten für 4 Personen:

1 kg durchwachsenes Ochsenfleisch
2 Bund Suppengemüse
2 Lorbeerblätter
1 Bund Rosmarin
einige Wacholderbeeren
einige Pfefferkörner
1 EL Salz

Für die Sauce:

2 Zwiebeln
50 g Butter oder Margarine
200 g gemischtes Hackfleisch
1 Tasse Sangrita
¼ l Tomatensauce
1 kleine Pfefferschote
1 Bund Thymian
2 Knoblauchzehen
1 Prise Salz
1 Messerspitze schwarzer Pfeffer
1 Prise Cayennepfeffer

Außerdem:

4 EL Senf
50 g Butter
1 Tasse Semmelbrösel

So wird's gemacht:

1. 2 Liter Wasser in einem Topf erhitzen.
2. Das Fleisch, das Gemüse sowie die Gewürze dazugeben und etwa 2 Stunden bei mittlerer Hitze köcheln lassen.
3. Das Fleisch herausnehmen, erkalten lassen und in dicke Scheiben schneiden.
4. Für die Sauce die Zwiebeln fein würfeln, das Fett in einem Topf erhitzen und das Hackfleisch darin Farbe nehmen lassen.
5. Die Zwiebeln dazugeben und kurz mitschwitzen.
6. Mit der Sangrita ablöschen und mit der Tomatensauce auffüllen.
7. Die kleingehackte Pfefferschote, den Thymian und den Knoblauch dazugeben.
8. Mit dem Salz, dem Pfeffer und dem Cayennepfeffer abschmecken.
9. Zugedeckt bei mittlerer Hitze 15 Minuten köcheln lassen.
10. Fleischscheiben mit dem Senf und der zerlassenen Butter bestreichen, in den Semmelbröseln wenden und unter dem Grill goldbraun backen.
11. Die Hackfleischsauce getrennt servieren.

Bistecca alla Pizzaiola

Rumpsteaks mit frischer Knoblauch-Tomaten-Sauce

Zutaten für 4 Personen:

4 Rumpsteaks à 200 g (gut abgehangen)
1 Tasse Öl
4 Knoblauchzehen
1 Zwiebel
Saft einer Zitrone
1 Tasse Weißwein
750 g Tomaten
1 Bund Basilikum
½ TL Salz
½ TL weißer Pfeffer

So wird's gemacht:

1. Die Rumpsteaks im heißen Öl je nach Geschmack medium oder durchbraten. Herausnehmen und warm stellen.
2. Im verbliebenen Bratfett die feingehackten Knoblauchzehen kurz anbraten, die feingewürfelte Zwiebel dazugeben und glasig schwitzen.
3. Mit dem Zitronensaft und dem Weißwein ablöschen und kurz einreduzieren.
4. Die Tomaten enthäuten, entkernen, klein würfeln, zu den Zwiebeln geben und kurz mitschwitzen.
5. Das gehackte Basilikum unterrühren, mit dem Salz und dem Pfeffer abschmecken.
6. Die Steaks salzen und pfeffern, mit der Sauce überziehen und sofort servieren.
7. Dazu reicht man „al dente" gekochte Nudeln und in Butter gedünstetes Zucchinigemüse. Als Getränk paßt ein kräftiger Rotwein.

Brasato di Manzo alla Giardiniera

Gefüllter Schmorbraten Gärtnerin Art

Zutaten für 4 Personen:

1 kg mageres Rindfleisch (vom Metzger eine Tasche einschneiden lassen)
2 EL mittelscharfer Senf
1 Zwiebel
2 Karotten
1 kleines Stück Sellerie
100 g roher Schinken
1 Knoblauchzehe
1 Tasse geriebener Käse (Bel Paese)
2 Eier
1 Bund Petersilie
¼ TL Salz
¼ TL schwarzer Pfeffer
1 TL Muskat
etwa ½ Tasse Mehl
½ Tasse Öl
1 Tasse Rotwein
¼ l Fleischbrühe
1 Dose geschälte Tomaten

So wird's gemacht:

1. Das Rindfleisch auf einer Arbeitsfläche auslegen, salzen, pfeffern und die Tasche mit dem Senf ausstreichen.
2. Das Gemüse entsprechend putzen, waschen und in sehr kleine Würfel schneiden.
3. Den Schinken klein würfeln, den Knoblauch fein hacken.
4. Alles zusammen mit dem Käse, den Eiern und der gehackten Petersilie in einer Schüssel vermischen.
5. Mit dem Salz, dem Pfeffer und dem Muskat abschmecken und in die Taschen füllen.
6. Mit Küchenschnur zunähen und im Mehl wenden.

7. Das Öl in einem Schmortopf erhitzen, und das Fleisch rundherum Farbe nehmen lassen.
8. Mit dem Rotwein ablöschen, und mit der Fleischbrühe auffüllen.
9. Die Tomaten mit dem Sud durch ein Sieb in die Sauce passieren.
10. Zugedeckt bei mittlerer Hitze etwa 2 Stunden schmoren lassen.
11. Vor dem Servieren die Sauce mit Salz und Pfeffer abschmecken.
12. Dazu reicht man gedünstetes Gemüse und „al dente" gekochte Spaghetti.

Spiedini di Maiale

Schweinefleischspießchen

Zutaten für 4 Personen:

600 g Schweinefilet
2 Zwiebeln
1 rote
und 1 grüne Paprikaschote
100 g Parmaschinken
(in Scheiben geschnitten)

1 Tasse Olivenöl
1 EL Basilikum
1 EL Origano
2 Knoblauchzehen
1 TL Salz
½ TL schwarzer Pfeffer
½ Tasse Parmesan

So wird's gemacht:

1. Das Fleisch in 3 cm große Würfel schneiden.
2. Die Zwiebeln und die Paprikaschoten putzen und ebenfalls in Würfel schneiden.
3. Fleisch, Gemüse und Schinken abwechselnd auf 4 Spieße stecken.
4. Das Öl mit den Kräutern und den mit dem Salz zerriebenen Knoblauchzehen verrühren. Marinade pfeffern.
5. Die Spieße damit gleichmäßig bestreichen und 1 Stunde marinieren.

Arrosto di Maiale al Latte

Schweinebraten in Milch gekocht

Zutaten für 4 Personen:

1 kg mageres Schweinefleisch (Nuß oder Oberschale)
1 Bund Rosmarin
2 Knoblauchzehen
1 TL Salz
½ TL schwarzer Pfeffer
1 TL geschroteter Koriander
½ Tasse Olivenöl
1 l Milch
einige Salbeiblättchen
200 g frische Champignons
Speisewürze

So wird's gemacht:

1. Das Schweinefleisch unter fließendem Wasser abwaschen und trockentupfen.
2. Mit den Rosmarinzweigen und dem in Stifte geschnittenen Knoblauch spicken.
3. Mit einer Küchenschnur das Fleisch binden, so daß es auch beim Braten seine Form behält.
4. Braten salzen, pfeffern und kräftig mit dem Koriander einreiben.
5. Das Öl in einem Topf erhitzen, das Fleisch dazugeben und auf allen Seiten Farbe nehmen lassen.
6. In der Zwischenzeit die Milch erhitzen.
7. Wenn das Fleisch Farbe genommen hat, mit der Milch auffüllen, die Salbeiblättchen dazugeben.
8. In verschlossenem Topf bei mittlerer Hitze etwa 75 bis 80 Minuten garen. Vorsicht, die Sauce muß öfters umgerührt werden, sonst brennt sie an.
9. Nach Ende der Garzeit Fleisch herausnehmen und warm stellen.
10. Die geputzten, gewaschenen und in Scheiben geschnittenen Champignons in die Sauce geben.
11. Nun die Sauce unter ständigem Rühren einreduzieren, bis sie sämig wird.
12. Mit Salz, Pfeffer und etwas Speisewürze abschmecken.
13. Das in Scheiben geschnittene Fleisch anrichten, Sauce darüber verteilen.
14. Dazu reicht man gratinierten Fenchel und in Butter geschwenkte Kartoffeln.

Le Consiglio

Wenn Sie Schweinefleisch kaufen, achten Sie auch hier auf Qualität. Es soll nicht zu fett sein, blaß bis rosarot, saftig und von feinen Fettadern durchzogen. Das Fett soll fast weiß sein. Fleisch von älteren Tieren ist dunkelrot und trockener. Es wird frisch verarbeitet.

DER TIP

6. In der Pfanne oder auf dem Grill etwa 10 bis 15 Minuten braten.
7. Vor dem Servieren leicht mit dem Parmesan bestreuen.
8. Dazu reicht man frisch geröstetes Knoblauchbrot (Bruschetta) und einen gemischten Salat mit Essig und Öl.

Braciole di Maiale alla Gustatore

Schlemmerkoteletts

Zutaten für 4 Personen:

4 Schweinekoteletts à 200 g
etwa ½ Tasse Mehl
½ Tasse Olivenöl
2 Zwiebeln
¼ l Weißwein
¼ l Fleischbrühe
1 Dose geschälte Tomaten
2 Knoblauchzehen
1 Bund Origano
100 g gekochter Schinken
1 Dose grüne Erbsen
1 Prise Salz
1 Prise Pfeffer
1 Prise Zucker
1 Prise Muskat
1 Tasse geriebener Parmesan

So wird's gemacht:

1. Die Koteletts salzen, pfeffern und in dem Mehl wenden.
2. Das Öl in einem Topf erhitzen und das Fleisch darin Farbe nehmen lassen.
3. Die feingehackten Zwiebeln dazugeben, kurz mitschwitzen.
4. Mit dem Weißwein ablöschen, mit der Fleischbrühe auffüllen.
5. Die geschälten Tomaten mit dem Sud durch ein Sieb zum Fleisch passieren.
6. Die gehackten Knoblauchzehen mit dem gehackten Origano dazugeben. Zugedeckt bei mittlerer Hitze etwa 40 Minuten schmoren lassen.
7. Anschließend den in dünne Streifen geschnittenen Schinken und die abgetropften Erbsen dazugeben, erhitzen, mit dem Salz, dem Pfeffer, dem Zucker und dem Muskat abschmecken.
8. Die Koteletts anrichten, die Sauce darüber verteilen und mit dem Parmesan bestreuen.
9. Dazu reicht man mit Knoblauch gewürzten Butterspinat und Folienkartoffeln, als Getränk ein kräftiger Rosé.

Le Consiglio

Für ganz Eilige empfiehlt es sich, das Kotelett nicht zu schmoren, sondern zu braten und die Sauce getrennt zuzubereiten.

DER TIP

Quadrello Marinato

Marinierte Schweinenackensteaks

Zutaten für 4 Personen:

4 Schweinenackenstücke à 250 g
¼ l Olivenöl
1 Pfefferschote
4 Knoblauchzehen
1 EL Salz
1 EL geriebene Zitronenschale
½ Bund Basilikum
½ Bund Origano
1 TL Paprika
1 TL geschroteter Pfeffer

So wird's gemacht:

1. Das Fleisch unter fließendem Wasser abwaschen und trockentupfen.
2. Das Öl in einem Topf erhitzen, die gehackte Pfefferschote, die mit dem Salz zerriebenen Knoblauchzehen, die Zitronenschale, die gehackten Kräuter, den Paprika und den Pfeffer dazugeben.
3. Sofort vom Feuer nehmen und das Öl wieder erkalten lassen.
4. Das Fleisch in ein entsprechendes Gefäß geben, mit dem Öl übergießen.
5. Mindestens 2 Tage an einem kühlen Ort oder im Kühlschrank marinieren.
6. Anschließend herausnehmen und in einer Pfanne oder auf dem Grill braten.
7. Dazu reicht man gemischten Salat und geröstetes Weißbrot.

Fisch

Die geographische Lage Italiens bringt es mit sich, daß die Italiener Meister im Zubereiten von Fischen und Meeresfrüchten sind. Wer auch nur einmal in die Geheimnisse dieser Kunst eingeweiht wurde, wird ihr immer verschrieben sein. Das Beste vom morgendlichen Fang findet man mittags auf dem Tisch.

Persico alla Livornese

Seebarsch aus Livorno

Zutaten für 4 Personen:

4 Seebarsche à 300 g
1 TL Salz
½ TL weißer Pfeffer
Saft einer Zitrone
einige Spritzer Worcestersauce
1 Bund Estragon
etwa 1 Tasse Mehl

Für die Sauce:

2 EL Olivenöl
1 Bund Frühlingszwiebeln
100 g gekochter Schinken
1 kleine Pfefferschote
100 g grüne
und schwarze Oliven
1 Röhrchen Kapern
2 EL Tomatenmark
1 Tasse Weißwein
1 Tasse Fleischbrühe
Salz
Pfeffer
1 Bund Petersilie

So wird's gemacht:

1. Die küchenfertigen Seebarsche salzen, pfeffern, mit dem Zitronensaft und der Worcestersauce marinieren.
2. Mit einigen Estragonzweigen füllen und im Mehl wenden.
3. In Öl oder auf dem Grill etwa 15 Minuten braten.
4. In der Zwischenzeit das Öl in einer Pfanne erhitzen, die geputzten, in kleine Scheiben geschnittenen Frühlingszwiebeln dazugeben und glasig schwitzen.
5. Den feingewürfelten Schinken, die gehackte Pfefferschote, die entkernten und geviertelten Oliven und die Kapern dazugeben, kurz mitschwitzen.
6. Das Tomatenmark unterrühren, mit dem Weißwein ablöschen und mit der Fleischbrühe auffüllen.
7. Mit Salz und Pfeffer abschmecken.
8. Die gehackte Petersilie unterziehen.
9. Den Seebarsch anrichten, mit Olivensauce überziehen.
10. Dazu reicht man gedünsteten Mangold und Salzkartoffeln.

Calamari in Umido

Tintenfische im Tiegel

Zutaten für 4 Personen:

600 g küchenfertige Tintenfische
2 Zwiebeln
2 Knoblauchzehen
4 EL Olivenöl
1 kleine Dose geschälte Tomaten
100 g gefüllte grüne Oliven
1 Röhrchen Kapern
½ l Fleischbrühe
1 Tasse Weißwein
1 TL Salz
½ TL gemahlener Pfeffer
1 Prise Zucker
4 Tomaten
1 Bund Estragon

So wird's gemacht:

1. Die küchenfertigen Tintenfische kleinschneiden.
2. Die Zwiebeln und den Knoblauch fein würfeln.
3. Das Öl in einem Topf erhitzen, die Tintenfische kurz anbraten.
4. Die Zwiebeln und den Knoblauch dazugeben, kurz mitschwitzen.
5. Die Tomaten durch ein Sieb in den Topf passieren.
6. Die Oliven und die Kapern dazugeben. Mit der Fleischbrühe und dem Weißwein auffüllen.
7. Mit dem Salz, dem Pfeffer und dem Zucker abschmecken und zugedeckt bei mittlerer Hitze etwa 1 Stunde köcheln lassen.
8. Anschließend die geschälten, entkernten und in Würfel geschnittenen Tomaten dazugeben.
9. Den gehackten Estragon unter die Sauce rühren, nochmals aufkochen lassen und servieren.
10. Dazu reicht man „al dente" gekochte Maccheroni und gebackene Artischockenherzen.

Calamari Dorati

Gebackener Tintenfisch

Zutaten für 4 Personen:

600 g küchenfertige Tintenfische
1 TL Salz
½ TL weißer Pfeffer
1 Bund Zitronenmelisse
2 Tassen Semmelbrösel
etwa 1 Tasse Mehl
3 Eier
Fett zum Ausbacken

Außerdem:

50 g Butter oder Margarine
2 Zwiebeln
2 Karotten
1 Zucchini
1 Tasse Weißwein
1 Becher Sahne
4 Tomaten
1 Bund Origano
1 Prise Zucker
½ Tasse geriebener Käse (Mozzarella)

So wird's gemacht:

1. Die küchenfertigen Tintenfische kleinschneiden. Leicht salzen und pfeffern.
2. Die gehackte Zitronenmelisse mit den Semmelbröseln vermischen.
3. Die Tintenfischringe zuerst im Mehl, dann in den verquirlten Eiern und anschließend in den Semmelbröseln panieren.
4. Im schwimmenden Fett ausbacken und warm stellen.
5. Das Fett in einem Topf erhitzen. Das entsprechend geputzte, gewaschene und in sehr kleine Würfel geschnittene Gemüse dazugeben und kurz mitschwitzen.
6. Mit dem Weißwein ablöschen, und mit der Sahne auffüllen. 10 Minuten bei mittlerer Hitze köcheln lassen.
7. Die geschälten, entkernten und in Würfel geschnittenen Tomaten mit dem gehackten Origano unter die Sauce ziehen.
8. Mit Salz, Pfeffer und dem Zucker abschmecken und den Käse unterrühren.
9. Diese Gemüsesauce zu den Tintenfischringen servieren.
10. Dazu reicht man ein Kräuterrisotto und gemischten Salat.

Le Consiglio

Anstatt frischer Tintenfische lassen sich auch panierte Fertigprodukte verwenden. Man bekommt sie als Tiefkühlprodukt in bester Qualität.

DER TIP

Merluzzo alla Casalinga
Kabeljau Hausmacherart

Zutaten für 4 Personen:

4 Kabeljaufilets à 250 g
1 Tasse Weißwein
½ Tasse Essig
2 Tassen Fleischbrühe
2 Lorbeerblätter
einige Wacholderbeeren
½ TL Salz
½ TL weißer Pfeffer

Außerdem:

2 hartgekochte Eier
1 Tasse Semmelbrösel
2 EL Tomatenmark
2 rohe Eier
1 Tasse geriebener Käse
(Stracchino)
1 Bund Origano

So wird's gemacht:

1. Die Kabeljaufilets unter fließendem Wasser abwaschen und trockentupfen.
2. Den Weißwein, den Essig, die Fleischbrühe, die Lorbeerblätter und die Wacholderbeeren in einen Topf geben, salzen, pfeffern und zum Kochen bringen.
3. Die Fischfilets dazugeben und etwa 10 bis 15 Minuten garziehen lassen.
4. In der Zwischenzeit die hartgekochten Eier mit den Semmelbröseln in eine Schüssel geben.
5. Das Tomatenmark mit den rohen Eiern glattrühren, mit dem Käse und dem gehackten Origano in die Schüssel geben und alles zu einer Masse verarbeiten.
6. Die Masse leicht salzen und pfeffern.
7. Die Fischfilets aus dem Sud nehmen und auf einer feuerfesten Platte anrichten.
8. Die Käsemasse auf die Filets verteilen, im Ofen oder unter dem Grill überbacken, bis die Masse Farbe genommen hat, sofort servieren.
9. Dazu reicht man Karottengemüse und Butterkartoffeln.

Le Consiglio

Das Wichtigste bei der Zubereitung von frischem wie auch tiefgefrorenem Fisch sind immer noch die »2 S«: Säubern und Salzen. Ob zusätzlich in einer Marinade oder in einem Sud gesäuert wird, ist Geschmacksfrage.

DER TIP

Rombo con Cipolline
Heilbutt mit Frühlingszwiebeln

Zutaten für 4 Personen:

4 Scheiben Heilbutt à 250 g
½ TL Salz
½ TL weißer Pfeffer
50 g Butter oder Margarine
2 Bund Frühlingszwiebeln
1 TL Thymian
1 Tasse Weißwein
1 Becher Sahne
100 g roher Schinken
1 Tasse geriebener Käse
(Stracchino oder Bel Paese)

So wird's gemacht:

1. Den Heilbutt unter fließendem Wasser abspülen, trockentupfen, salzen und pfeffern.
2. In einer Kasserole das Fett auslassen, die in dünne Scheiben geschnittenen Frühlingszwiebeln dazugeben und kurz mitschwitzen.
3. Mit dem Thymian bestreuen, mit dem Weißwein ablöschen und mit der Sahne angießen, salzen und pfeffern.
4. Den Heilbutt darauflegen, im vorgeheizten Ofen bei 200 Grad 15 Minuten garen.
5. Den Schinken in Streifen schneiden. Kurz vor Ende der Garzeit auf dem Fisch verteilen, mit dem Käse bestreuen und so lange im Ofen lassen, bis der Fisch überbacken ist und der Käse leicht Farbe genommen hat.
6. Dazu reicht man ein Kräuterpüree und in Butter gedünsteten Brokkoli.

Stufato di Pesce alla Genovese

Genueser Fischtopf

Zutaten für 4 Personen:

1,5 kg gemischte Meeresfrüchte (Tintenfische, Garnelen, Muscheln, Seelachs, Makrelen usw.)
4 EL Olivenöl
2 Zwiebeln
1 Stange Lauch
4 Knoblauchzehen
1 kleines Glas gesalzene Sardellenfilets
¼ l Weißwein
1 Dose geschälte Tomaten
½ l Fleischbrühe
100 g Walnüsse
½ TL Salz
½ TL schwarzer Pfeffer
2 Lorbeerblätter

So wird's gemacht:

1. Die küchenfertigen Meeresfrüchte entsprechend vorbereiten, waschen und trockentupfen.
2. Die Fische filetieren, in grobe Würfel schneiden.
3. In einem Topf das Öl erhitzen, die in Scheiben geschnittenen Zwiebeln und den Lauch dazugeben und glasig schwitzen.
4. Den gehackten Knoblauch und die gehackten Sardellenfilets untermischen.
5. Mit dem Weißwein ablöschen.
6. Die geschälten Tomaten durch ein Sieb in den Topf

Orate Fritte con Porcini

Gebratene Goldbrassen mit Steinpilzen

Zutaten für 4 Personen:

2 Goldbrassen à 500 g
1 TL Salz
½ TL weißer Pfeffer
1 Bund Petersilie

Außerdem:

50 g Butter oder Margarine
2 Zwiebeln
400 g Steinpilze
1 EL mittelscharfer Senf
1 EL Tomatenmark
1 EL Thymian
1 Tasse Weißwein
1 Tasse Fleischbrühe
1 Becher Crème fraîche

So wird's gemacht:

1. Die küchenfertigen Goldbrassen unter fließendem Wasser abwaschen und trockentupfen, salzen, pfeffern und mit der verlesenen Petersilie bestreuen.

2. Das Fett in einem Bräter erhitzen. Die feingehackten Zwiebeln dazugeben und glasig schwitzen.

3. Die Steinpilze verlesen, in Scheiben schneiden, zu den Zwiebeln geben, mit dem Weißwein und der Fleischbrühe auffüllen.

4. Die Fische darauflegen, im vorgeheizten Backrohr bei 200 Grad etwa 18 bis 20 Minuten garen.

5. Die Fische herausnehmen und warm stellen.

6. Unter die Steinpilze den Senf, das Tomatenmark und den Thymian rühren.

7. Die Crème fraîche unterrühren und zur Sauce verkochen. Mit dem Salz und dem Pfeffer abschmecken.

8. Die Fische anrichten und mit der Sauce servieren.

9. Dazu reicht man ein Schinken-Erbsen-Risotto und grünen Salat mit Zitronendressing.

passieren und mit der Fleischbrühe auffüllen.

7. Die gehackten Walnüsse und die Lorbeerblätter dazugeben, mit dem Salz und dem Pfeffer abschmecken.

8. Zum Kochen bringen und die Meeresfrüchte dazugeben.

9. Bei mittlerer Hitze etwa 20 Minuten garen, nochmals abschmecken und im Topf servieren.

10. Dazu reicht man nur geröstetes Weißbrot.

Le Consiglio

Für das Zitronendressing verwendet man in Italien auch gerne den Saft von Limetten. Dies ist eine Zitrusfrucht mit grünlicher, sehr dünner Schale. Das Fruchtfleisch schmeckt intensiver als das der Zitrone. Die Schale wird hauchdünn geschnitten auch in den Salat gegeben.

DER TIP

Pesce di Mare con Crema di Pomodoro

Gegrillter Seefisch mit Tomatenschaum

Zutaten für 4 Personen:

1,2 kg Seefisch (Merlan, Kabeljau oder Seezunge)
1 TL Salz
½ TL weißer Pfeffer
1 Bund Petersilie
50 g Butter oder Margarine

Für die Sauce:

½ Tasse Weißwein
1 EL Tomatenmark
Saft einer Zitrone
4 Eigelb
200 g Butter oder Margarine
1 Bund Estragon
1 Spritzer Sambuca Molinari (Likör)

So wird's gemacht:

1. Den küchenfertigen Seefisch unter fließendem Wasser abwaschen, trockentupfen, salzen, pfeffern und mit der Petersilie füllen.
2. Mit der zerlassenen Butter bestreichen, etwa 20 bis 25 Minuten grillen.
3. In der Zwischenzeit den Weißwein, das Tomatenmark, den Zitronensaft und die Eigelbe in einem Topf verrühren.
4. Mit dem Schneebesen im Wasserbad oder auf dem Feuer so lange schlagen, bis eine cremige Masse entstanden ist.
5. Die handwarme flüssige Butter vorsichtig und tropfenweise in die Creme einrühren.
6. Den gehackten Estragon unterrühren, mit Salz und Pfeffer abschmecken und mit dem Sambuca aromatisieren.
7. Die Sauce zum gegrillten Fisch servieren.
8. Dazu reicht man Butterkartoffeln und gedünsteten Spinat.

Scombro agli Odori

Kräutermakrelen

Zutaten für 4 Personen:

4 Makrelen à 300 g
1 TL Salz
½ TL weißer Pfeffer
Saft von 2 Zitronen
einige Spritzer Worcestersauce
1 Bund Petersilie
1 Tasse Öl
1 EL Origano
1 EL Basilikum
1 EL Thymian
2 Knoblauchzehen

So wird's gemacht:

1. Die küchenfertigen Makrelen unter fließendem Wasser abwaschen, trockentupfen, salzen, pfeffern, mit dem Zitronensaft und der Worcestersauce ½ Stunde marinieren.
2. Die Petersilie verlesen und die Makrelen damit füllen.
3. Das Öl mit den Kräutern und den mit Salz zerriebenen Knoblauchzehen verrühren.
4. Die Fische mit einem Messer einige Male quer einschneiden. Mit der Marinade bestreichen.
5. Im Ofen oder auf dem Grill garen und sofort servieren.
6. Dazu reicht man frisches Stangenweißbrot und gemischten Salat mit Essig und Öl angemacht.

Le Consiglio

Beim Brennmaterial fürs Grillfeuer sollten Sie darauf achten, daß außer der Hitze auch eine Geschmacksübertragung stattfindet. Harzarme Hölzer eignen sich besonders.

DER TIP

Terrina di Pesce e Verdure

Gemüse-Fisch-Topf

Zutaten für 4 Personen:

500 g Kabeljaufilet
1 Tasse Rosé
1 Zwiebel
2 Karotten
1 Zucchini
1 kleine Staudensellerie
1 kleine rote
und grüne Paprikaschote
50 g Butter oder Margarine
1 Dose geschälte Tomaten
¾ l Fleischbrühe
2 Knoblauchzehen
4 EL Sultaninen
1 Bund Basilikum
½ TL Salz
½ TL weißer Pfeffer
1 Prise Zucker
einige Spritzer Madeira
½ Tasse Parmesan

So wird's gemacht:

1. Das Fischfilet unter fließendem Wasser abwaschen, trockentupfen, in 2 cm große Würfel schneiden und in einer Schüssel mit dem Rosé marinieren.
2. Das Gemüse entsprechend putzen, waschen, in kleine Würfel schneiden.
3. Das Fett in einem Topf erhitzen und das Gemüse darin anschwitzen.
4. Die geschälten Tomaten durch ein Sieb in den Topf passieren und mit der Fleischbrühe auffüllen.
5. Den feingehackten Knoblauch, die Sultaninen und das gehackte Basilikum unterrühren, mit dem Salz, dem Pfeffer und dem Zucker abschmecken, mit dem Madeira aromatisieren und bei mittlerer Hitze etwa 20 Minuten köcheln lassen.
6. Die Fischstücke mit dem Rosé dazugeben und weitere 5 Minuten köcheln lassen.
7. Nochmals abschmecken und mit dem Parmesan bestreut servieren.

Trota al Cartoccio

Forelle in der Folie

Zutaten für 4 Personen:

4 küchenfertige Forellen
à 300 g
1 TL Salz
½ TL weißer Pfeffer
1 Bund Petersilie

Außerdem:

50 g Butter oder Margarine
1 Zwiebel
250 g Champignons
4 Tomaten
1 Bund Thymian
1 Tasse trockener Martini bianca
Alufolie

So wird's gemacht:

1. Die Forellen unter fließendem Wasser abwaschen, trockentupfen, salzen, pfeffern und mit den Petersilienzweigen füllen.
2. Das Fett in einem Topf erhitzen, die feingehackte Zwiebel dazugeben, glasig schwitzen.
3. Die geputzten, gewaschenen und in Scheiben geschnittenen Champignons dazugeben und kurz mitschwitzen.
4. Die Tomaten enthäuten, entkernen und in Würfel schneiden, mit dem gehackten Thymian unter die Champignons mischen.
5. Mit Salz und Pfeffer würzen.
6. Vier entsprechend große Stücke Alufolie auf einer Arbeitsfläche auslegen.
7. Die Forellen darauflegen, die Champignonmischung darüber verteilen.
8. Jeweils mit etwas Martini beträufeln.
9. Folie verschließen. Im auf 200 Grad vorgeheizten Backofen etwa 18 bis 20 Minuten garen.
10. Dazu reicht man Butterkartoffeln und junge Erbsen mit Schinken.

Sogliole alla Palermitana

Seezungenfilets aus Palermo

Zutaten für 4 Personen:

4 Seezungenfilets à 250 g
½ TL Salz
½ TL weißer Pfeffer
Saft von 2 Zitronen
einige Spritzer Worcestersauce
etwa 1 Tasse Mehl
Olivenöl zum Ausbacken
2 Zwiebeln
1 kleine Staudensellerie
50 g Sultaninen
50 g Pinienkerne
1 Tasse Essig
¼ l Fleischbrühe
1 Prise Salz
1 Prise weißer Pfeffer
1 Prise Zucker
1 Prise Muskat
1 Bund Petersilie

So wird's gemacht:

1. Die Seezungenfilets unter fließendem Wasser abwaschen und trockentupfen, salzen, pfeffern, mit dem Zitronensaft und der Worcestersauce marinieren.
2. In dem Mehl wenden und im Olivenöl goldgelb backen, herausnehmen und warm stellen.
3. Im verbliebenen Bratfett die gehackten Zwiebeln und die feingewürfelte Staudensellerie glasig schwitzen.
4. Die Sultaninen und die Pinienkerne dazugeben.
5. Mit dem Essig ablöschen und mit der Fleischbrühe auffüllen.
6. Mit dem Salz, dem Pfeffer, dem Zucker und dem Muskat abschmecken. 10 Minuten köcheln lassen.
7. Über die Seezungenfilets verteilen, mit der Petersilie bestreut servieren.
8. Dazu reicht man in Butter geschwenkte Kartoffeln und mit Thymian gewürzte junge Bohnen.

Anguilla alla Pescatora

Aal nach Art der Fischerin

Zutaten für 4 Personen:

4 küchenfertige Aalstücke à 250 g
1 TL Salz
½ TL weißer Pfeffer
Saft von 2 Zitronen
einige Spritzer Worcestersauce
50 g Butter oder Margarine
2 Knoblauchzehen
2 Zwiebeln
2 Karotten
1 kleines Stück Sellerie
1 Tasse Weißwein
1 Tasse Fleischbrühe
½ Becher Sahne
1 Bund Zitronenmelisse
1 Bund Petersilie

So wird's gemacht:

1. Die Aalstücke salzen, pfeffern, mit dem Zitronensaft und der Worcestersauce marinieren.
2. Das Fett in einem entsprechenden Topf erhitzen und die Fischstücke darin auf allen Seiten Farbe nehmen lassen, herausnehmen und warm stellen.
3. Im verbliebenen Bratfett die feingehackten Knoblauchzehen und das sehr feingewürfelte Gemüse glasig schwitzen.
4. Mit dem Weißwein, der Fleischbrühe und der Sahne auffüllen.
5. Die gehackte Zitronenmelisse unterrühren, mit Salz und Pfeffer abschmecken.
6. Die Aalstücke darauflegen und im Ofen bei 220 Grad 15 Minuten garen. Der Topf soll nicht verschlossen sein.
7. Mit der Petersilie bestreut servieren.
8. Als Beilage reicht man dazu gebackenen Blumenkohl und Petersilienkartoffeln.

Le Consiglio

Lebenden Aalen das Rückgrat unmittelbar hinter dem Kopf durchschneiden und den Schwanz abtrennen. Am Kopf aufhängen, die Haut unterhalb des Kopfes ringsum einschneiden und abziehen. Bauch- und Rückenflosse mit einer Schere abschneiden und ausnehmen.

DER TIP

Tonno allo Spiedo

Fisch am Spieß

Zutaten für 4 Personen:

8 Thunfischtranchen à 120 g
1 TL Salz
½ TL weißer Pfeffer
1 Bund Zitronenmelisse
16 dünne Scheiben durchwachsener Speck
4 Tomaten
einige Lorbeerblätter
1 Tasse Olivenöl

So wird's gemacht:

1. Die küchenfertigen Thunfischtranchen salzen und pfeffern.
2. Mit der gehackten Zitronenmelisse bestreuen.
3. Je 2 Fischtranchen, 4 Scheiben Speck, 2 Tomatenhälften und einige Lorbeerblätter auf einen Spieß stecken.
4. Mit dem Öl beträufeln. Auf dem Grill oder in der Pfanne etwa 15 Minuten garen.
5. Mit Zitronenhälften und frisch geröstetem Knoblauchbrot servieren.
6. Dazu reicht man gemischten Salat der Saison.

Cozze dello Chef

Muscheln nach Art des Küchenmeisters

Zutaten für 4 Personen:

1,5 kg Miesmuscheln
½ l Wasser
¼ l Weißwein
1 Zwiebel
einige Gewürznelken
einige Lorbeerblätter
1 TL Salz
1 TL weißer Pfeffer
1 Prise Zucker
1 Tasse Sahne
2 EL Mehl
4 cl Amaro Siciliano (Averna)

Außerdem:

etwa 1 Tasse Mehl
3 Eigelb
1 Tasse Semmelbrösel
Fett zum Ausbacken
1 Tasse geriebener Käse

So wird's gemacht:

1. Die Muscheln unter fließendem Wasser gut abbürsten.
2. Das Wasser, den Weißwein, die mit den Gewürznelken und den Lorbeerblättern gespickte Zwiebel in einem Topf zum Kochen bringen.
3. Mit dem Salz, dem Pfeffer und dem Zucker abschmecken.
4. Jeweils die Hälfte der Muscheln in diesem Sud 10 Minuten kochen. Es müssen sich alle Muscheln geöffnet haben.
5. Die Muscheln herausnehmen, abtropfen lassen und das Fleisch aus den Schalen lösen.
6. Das Muschelfleisch salzen, pfeffern und zuerst in Mehl, dann in den verquirlten Eigelben und zum Schluß in den Semmelbröseln panieren.
7. Im schwimmenden Fett goldgelb und knusprig braten.
8. In der Zwischenzeit den Muschelsud auf ¼ l einreduzieren und durch ein Sieb in einen Topf passieren.
9. Die Sahne und das Mehl glattrühren und den Muschelsud damit binden.
10. Mit Salz, Pfeffer und Zucker abschmecken, mit dem Amaro Siciliano verfeinern.
11. Die gebackenen Muscheln in eine gefettete Form schichten, mit dem Käse bestreuen, unter dem Grill überbacken.
12. Die gebackenen Muscheln servieren, die Sauce getrennt dazu reichen.
13. Dazu passen in Butter gedünstete grüne Nudeln und ein Endiviensalat mit Joghurtdressing.

Merlano allo Zafferano
Merlan in Safransauce

Zutaten für 4 Personen:

4 Merlanfilets à 200 g
¼ l trockener Weißwein
¼ l Fleischbrühe
1 gespickte Zwiebel
Saft einer Zitrone

Für die Sauce:

30 g Butter
2 Zwiebeln
30 g Mehl
1 Tasse Sahne
½ TL Salz
¼ TL gemahlener Pfeffer
1 Prise Zucker
1 Prise Safran

So wird's gemacht:

1. Die Fischfilets unter fließendem Wasser abspülen und trockentupfen.
2. Den Weißwein, die Fleischbrühe, die gespickte Zwiebel und den Zitronensaft in einem Topf erhitzen.
3. Die Fischfilets dazugeben und gar dünsten. Herausnehmen und warm stellen.
4. Das Fett in einem Topf erhitzen und die feingehackten Zwiebeln darin glasig schwitzen.
5. Mit dem Mehl bestäuben, mit dem durchgeseihten Sud und der Sahne auffüllen und zur Sauce verkochen.
6. Mit dem Salz, dem Pfeffer, dem Zucker und dem Safran abschmecken.
7. Die Sauce über die angerichteten Merlanfilets geben, mit dem frisch geschnittenen Dill bestreut servieren.
8. Dazu reicht man Butterreis und in Weißwein gedünstetes Zucchinigemüse mit Petersilie.

Dentice al Pomodoro

Zahnbrasse in Tomatensauce gedünstet

Zutaten für 4 Personen:

1,2 kg Zahnbrasse
1 TL Salz
½ TL weißer Pfeffer
Saft von 2 Zitronen
einige Spritzer Worcestersauce
½ Tasse Olivenöl
2 Zwiebeln
2 Knoblauchzehen
1 TL Salz
1 Tasse Martini rosso
1 Dose geschälte Tomaten
1 Bund Basilikum

So wird's gemacht:

1. Die küchenfertige Zahnbrasse salzen, pfeffern, mit dem Zitronensaft und der Worcestersauce marinieren.
2. Das Öl in einem Schmortopf erhitzen und die Zahnbrasse auf beiden Seiten Farbe nehmen lassen.
3. Die feingehackten Zwiebeln und die mit Salz zerriebenen Knoblauchzehen dazugeben, mit dem Martini rosso ablöschen.
4. Die Tomaten durch ein Sieb streichen und zum Fisch geben.
5. Das gehackte Basilikum unter die Sauce geben, verschließen und den Fisch etwa 15 Minuten bei schwacher Hitze garschmoren.
6. Den Fisch anrichten, die Sauce nochmals abschmecken und über den Fisch gießen.
7. Als Beilage reicht man verschiedene gedünstete Gemüse, wie Zucchini, Karotten, Lauch und Fenchel und in Butter geschwenkten Reis.

Gamberi alla Venezia

Venezianische Garnelen

Zutaten für 4 Personen:

12 große Garnelenschwänze in der Schale
2 Zwiebeln
2 Tomaten
4 Pfeffergürkchen
4 Scheiben roher Schinken

Für die Glasur:

½ Tasse Honig
1 EL Tomatenmark
2 EL Essig
1 Knoblauchzehe
½ TL Salz
½ TL weißer Pfeffer

So wird's gemacht:

1. Die Garnelen unter fließendem Wasser abwaschen und trockentupfen.
2. Die Zwiebeln und die Tomaten halbieren.
3. Auf jeden der 4 Spieße je 3 Garnelen, ½ Zwiebel, ½ Tomate, 1 Pfeffergurke und 1 Scheibe Schinken stecken.
4. Den Honig mit dem Tomatenmark, dem Essig und der mit Salz zerriebenen Knoblauchzehe verrühren und leicht pfeffern.
5. Die Spieße damit bestreichen und 1 Stunde marinieren.
6. Auf dem Grill oder in der Pfanne garen.
7. Mit frischem Stangenweißbrot und einem leichten Weißwein servieren.

Geflügel

Schon zu Zeiten der Römer waren die Schlemmertafeln voll mit den verschiedensten Arten von Geflügel, und auch in der modernen Küche Italiens darf es nicht fehlen. Viele köstliche Variationen werden von den Köchen zubereitet und erfreuen den Feinschmecker.

Scaloppine di Tacchino alle Cacciatora

Putenschnitzel Jägerart

Zutaten für 4 Personen:

4 Putenschnitzel à 200 g
½ TL Salz
½ TL weißer Pfeffer
4 EL Olivenöl
50 g Butter oder Margarine
1 Zwiebel
250 g Pfifferlinge
4 Tomaten
1 EL Tomatenmark
1 Tasse Weißwein
1 Becher Crème fraîche
1 Bund Origano
1 Prise Zucker

So wird's gemacht:

1. Die Schnitzel salzen und pfeffern.
2. Im erhitzten Olivenöl auf beiden Seiten etwa 5 Minuten braten. Herausnehmen und warm stellen.
3. In der gleichen Pfanne die Butter zerlaufen lassen, die feingehackte Zwiebel dazugeben und glasig schwitzen.
4. Die geputzten Pfifferlinge zu den Zwiebeln geben, kurz mitschwitzen.
5. Die enthäuteten, entkernten und in Würfel geschnittenen Tomaten unterrühren.
6. Das Tomatenmark mit dem Weißwein glattrühren und damit ablöschen.
7. Die Crème fraîche einrühren und alles zur Sauce verkochen.
8. Den gehackten Origano dazugeben, mit Salz, Pfeffer und dem Zucker abschmecken.
9. Über die Schnitzel geben und servieren.
10. Dazu reicht man „al dente" gekochte Capelletti und gemischten Salat.

Le Consiglio

Dieses Rezept in etwas abgewandelter Form ist von meinem Großvater. Er verwendete dafür nur selbst gesammelte Pilze, von denen es heute nur noch wenige gibt. Als Alternative können Sie Mischpilze verwenden.

DER TIP

Scaloppine di Tacchino ai Funghi

Putenschnitzel in Pilzrahm

Zutaten für 4 Personen:

4 Putenschnitzel à 200 g
½ TL Salz
½ TL schwarzer Pfeffer
etwa 1 Tasse Mehl
80 g Butter oder Margarine
2 Zwiebeln
250 g frische Champignons
Saft einer Zitrone
1 Tasse Weißwein
1 Becher Sahne
1 Tasse geriebener Käse (Stracchino)
1 Prise Muskat
1 Bund Petersilie

So wird's gemacht:

1. Die Schnitzel salzen, pfeffern, im Mehl wenden und im Fett auf jeder Seite etwa 5 Minuten braten, herausnehmen und warm stellen.
2. Im verbliebenen Bratfett die feingehackten Zwiebeln glasig schwitzen.
3. Die geputzten, gewaschenen und in Scheiben geschnittenen Champignons dazugeben und kurz mitschwitzen.
4. Mit dem Zitronensaft und dem Weißwein ablöschen, mit der Sahne auffüllen und zur Sauce verkochen.
5. Den geriebenen Käse einrühren und so lange rühren, bis er sich mit der Sauce verkocht hat.
6. Vom Feuer nehmen, mit Salz, Pfeffer und dem Muskat abschmecken.
7. Über die Putenschnitzel geben, mit der Petersilie bestreut servieren.
8. Dazu reicht man Kroketten und in Butter gedünstetes Erbsengemüse.

Pollo della Domenica

Sonntagshähnchen

Zutaten für 4 Personen:

2 küchenfertige Hähnchen, Hähnchenmägen und Hähnchenlebern
4 EL Butter oder Margarine
1 Zwiebel
100 g gekochter Schinken
1 kleine Dose geschälte Tomaten
150 g Semmelbrösel
50 g geriebener Schafskäse (Pecorino)
50 g Sultaninen
2 Eier
1 TL geriebene Zitronenschale
1 EL Origano
1 Knoblauchzehe
½ TL Salz
¼ TL weißer Pfeffer
80 g Butter oder Margarine
1 TL Paprikapulver
¼ l Fleischbrühe

So wird's gemacht:

1. Die küchenfertigen Hähnchen innen und außen salzen und pfeffern.
2. Die geputzten Lebern und Mägen fein hacken.
3. Das Fett in einer Pfanne zerlaufen lassen und darin kurz anbraten.
4. Die feingehackte Zwiebel und den feingewürfelten Schinken dazugeben und kurz mitschwitzen.
5. Die geschälten Tomaten durch ein Sieb passieren und den Schinken damit ablöschen.
6. Erkalten lassen. Mit den Semmelbröseln, dem Käse, den Sultaninen und den Eiern zu einer kompakten Masse verarbeiten.
7. Mit der Zitronenschale, dem Origano, der feingehackten Knoblauchzehe, dem Salz und dem Pfeffer würzen.
8. In die Hähnchen füllen und zunähen.
9. Das Fett zerlaufen lassen, den Paprika einrühren und die Hähnchen damit bestreichen.
10. Im Ofen oder im Grill bei 200 Grad etwa 70 Minuten garen.
11. Während der Garzeit öfter mit der Buttermischung bestreichen, mit der Fleischbrühe ablöschen.
12. Dazu reicht man in Butter geschwenkte neue Kartoffeln mit Rosmarin und Tomatensalat mit Zwiebeln.

Petti di Pollo con Lardo

Hähnchenbrustfilets mit Speck

Zutaten für 4 Personen:

4 Hähnchenbrüste
½ TL Salz
¼ TL schwarzer Pfeffer
½ Tasse Olivenöl
100 g durchwachsener geräucherter Speck
1 Zwiebel
1 rote
und 1 grüne Paprikaschote
1 Dose geschälte Tomaten
½ l Fleischbrühe
½ Tasse Essig
2 Knoblauchzehen
1 Bund Origano
1 Bund Basilikum
1 Prise Zucker

So wird's gemacht:

1. Die Hähnchenbrüste salzen und pfeffern. Im erhitzten Olivenöl auf allen Seiten Farbe nehmen lassen, herausnehmen und warm stellen.
2. Im verbliebenen Bratfett den in Würfel geschnittenen Speck auslassen.
3. Die Zwiebel und die Paprikaschoten entsprechend putzen und in 2 cm große Würfel schneiden.
4. Zum Speck geben und kurz mitschwitzen.
5. Die geschälten Tomaten durch ein Sieb passieren und dazugeben.
6. Mit der Fleischbrühe und dem Essig auffüllen.
7. Die feingehackten Knoblauchzehen und die Kräuter unterrühren.
8. Mit Salz, Pfeffer und dem Zucker abschmecken.
9. Die Hähnchenbrüste dazugeben und zugedeckt bei mittlerer Hitze 10 Minuten schmoren lassen.
10. Die Hähnchenbrüste anrichten, mit der Sauce überziehen.
11. Dazu reicht man „al dente" gekochte Maccheroni und in Butter gedünsteten Mangold.

Oca Brasata con Fichi

Geschmorte Gans mit Feigen

Zutaten für 4 Personen:

1 küchenfertige junge Gans (etwa 2,5 kg)
1 TL Salz
1/2 TL weißer Pfeffer
1 EL Majoran
1 EL Thymian
1 Tasse Essig
1/4 l Rotwein
1 Zwiebel
2 Karotten
1 kleine Staudensellerie
1 Zucchini
1 Dose geschälte Tomaten
1/4 l Fleischbrühe
1 TL Majoran
1 TL Thymian
1 Prise Zucker
4 frische Feigen

So wird's gemacht:

1. Die Gans unter fließendem Wasser abwaschen, trockentupfen, salzen, pfeffern, mit dem Majoran und dem Thymian einreiben.
2. Den Essig in einen großen Bräter geben und die Gans dazugeben.
3. In den auf 200 Grad vorgeheizten Ofen schieben und etwa 1½ Stunden garen.
4. Während der Garzeit öfter mit dem Rotwein ablöschen.
5. In der Zwischenzeit das Gemüse entsprechend putzen, waschen, kleinschneiden.
6. Mit den geschälten Tomaten zu der Gans geben und weitere 30 Minuten garen.
7. Die Gans herausnehmen, portionieren und warm stellen.
8. Das Gemüse mit der Fleischbrühe auffüllen. Mit dem Majoran, dem Thymian und dem Zucker abschmecken.
9. Die geschälten und in Scheiben geschnittenen Feigen dazugeben, 5 Minuten köcheln lassen.
10. Die Gans anrichten und mit dem Gemüse servieren.
11. Dazu reicht man frische Polenta mit Schafskäse (Pecorino) bestreut.

Le Consiglio

Frische Feigen sollten möglichst schnell verzehrt werden, da sie leicht schimmelig werden. Wenn Sie keine frischen Feigen bekommen, so verwenden Sie einfach getrocknete. Da diese sehr zuckerhaltig sind, säuert man die Sauce leicht mit Obst- oder Kräuteressig.

DER TIP

Quaglie alla Bracconiera

Wachteln Wildschützenart

Zutaten für 4 Personen:

8 küchenfertige Wachteln
1 TL Salz
½ TL weißer Pfeffer
200 g Schalotten
1 Bund Origano
1 Bund Melisse
1 EL geriebene Zitronenschale
½ Tasse Olivenöl
⅛ l Rotwein
¼ l Fleischbrühe
1 Becher saure Sahne
3 EL Preiselbeeren

So wird's gemacht:

1. Die Wachteln unter fließendem Wasser abwaschen, trockentupfen, salzen und pfeffern.
2. Die feingehackten Schalotten mit den gehackten Kräutern, der Zitronenschale und dem Olivenöl vermischen.
3. Die Wachteln damit innen und außen kräftig einreiben.
4. Die restliche Marinade in einer Pfanne erhitzen und die Wachteln darin goldbraun braten.
5. Mit dem Rotwein ablöschen, mit der Fleischbrühe und der sauren Sahne auffüllen.
6. Die Preiselbeeren unterrühren, mit Salz und Pfeffer abschmecken.
7. Die Wachteln darin nochmals kurz dämpfen.
8. Die Wachteln serviert man mit einem Tomatenrisotto und einem kräftigen Rotwein.

Spiedini di Piccione

Täubchen am Spieß

Zutaten für 4 Personen:

4 küchenfertige junge Täubchen
½ TL Salz
¼ TL weißer Pfeffer
1 Glas gefüllte Oliven
½ Bund Salbei
½ Bund Estragon
½ Tasse Olivenöl
1 Tasse Weißwein
Saft von 2 Zitronen

So wird's gemacht:

1. Die Täubchen unter fließendem Wasser abspülen, trockentupfen, innen und außen salzen und pfeffern.
2. Die Oliven fein hacken.
3. Mit den gehackten Kräutern, dem Olivenöl, dem Weißwein und dem Zitronensaft zu einer Marinade verrühren.
4. Die Täubchen in eine Schüssel geben, mit der Marinade begießen und mindestens über Nacht ziehen lassen.
5. Herausnehmen, auf Spieße stecken.
6. Im Grill oder im Bratrohr bei 120 Grad etwa 30 Minuten garen.
7. Während der Garzeit mit der Marinade bestreichen.
8. Den Bratensaft in einer Fettpfanne auffangen und vor dem Servieren über die Täubchen gießen.

Le Consiglio

Achten Sie immer darauf, daß Sie für dieses Rezept möglichst junge Täubchen bekommen, die älteren werden leicht zäh. Diese sollten zuerst in einer kräftigen Brühe gegart und dann erst mariniert werden. Die Brühe abschmecken und servieren.

DER TIP

Pasti

Italien ist das Schlaraffenland für Nudelfans: Weit über 100 Formen der „pasta asciutta" kennt die italienische Küche. Im Zubereiten der dazu passenden Saucen übertreffen sich die Köche von Region zu Region und von Dorf zu Dorf.

Spaghetti Bolognese

Spaghetti Bolognese

Zutaten für 4 Personen:

½ Tasse Olivenöl
100 g durchwachsener geräucherter Speck
300 g gemischtes Hackfleisch
1 Zwiebel
1 Karotte
1 kleines Stück Sellerie
2 EL Tomatenmark
1 EL Mehl
1 Tasse Rotwein
1 Dose geschälte Tomaten
1 Tasse Fleischbrühe
2 Knoblauchzehen
1 EL Basilikum
1 EL Origano
½ TL Salz
¼ TL schwarzer Pfeffer
400 g Spaghetti
1 Tasse geriebener Parmesan

So wird's gemacht:

1. Das Olivenöl in einem Topf erhitzen.
2. Den in kleine Würfel geschnittenen Speck darin auslassen.
3. Das Hackfleisch dazugeben und kräftig anbraten.
4. Das Gemüse entsprechend putzen, in kleine Würfel schneiden, zum Fleisch geben und kurz mitschwitzen.
5. Das Tomatenmark unterrühren, mit dem Mehl bestäuben.
6. Mit dem Rotwein ablöschen und mit den durch ein Sieb passierten Tomaten und der Fleischbrühe auffüllen.
7. Die feingehackten Knoblauchzehen und die Kräuter unterrühren, mit dem Salz und dem Pfeffer abschmecken.
8. Zugedeckt bei mittlerer Hitze etwa 1 Stunde leise köcheln lassen.
9. Die Spaghetti „al dente" kochen, anrichten, die Sauce auf die Nudeln verteilen, mit dem Parmesan bestreut servieren.

Spaghetti alle Vongole

Spaghetti mit Muscheln

Zutaten für 4 Personen:

1,2 kg Herzmuscheln (ersatzweise 500 g Muschelfleisch aus der Dose)
3 EL Olivenöl
50 g Butter oder Margarine
2 Zwiebeln
3 Knoblauchzehen
6 Tomaten
½ Tasse Weißwein
Saft einer Zitrone
1 Bund Origano
½ TL Salz
¼ TL weißer Pfeffer
400 g Spaghetti

So wird's gemacht:

1. Die Muscheln aussortieren und unter fließendem Wasser gut abwaschen.
2. Das Öl in einem Topf erhitzen, die Muscheln dazugeben und so lange zugedeckt kochen, bis sich alle Muscheln geöffnet haben.
3. Während des Erhitzens öfter umrühren.
4. Die Muscheln herausnehmen und das Fleisch auslösen.
5. Den Muschelsaft durch ein feines Sieb passieren.
6. Die Butter in einem Topf erhitzen und die feingehackten Zwiebeln und Knoblauchzehen dazugeben und glasig schwitzen.
7. Die enthäuteten, entkernten und in Würfel geschnittenen Tomaten dazugeben.
8. Mit Muschelsud, dem Weißwein und dem Zitronensaft ablöschen.
9. Das Muschelfleisch mit dem gehackten Origano dazugeben, mit dem Salz und dem Pfeffer abschmecken.
10. Die „al dente" gekochten Spaghetti unter die Sauce mischen, gut verrühren, damit sich die Sauce gleichmäßig verteilen kann.
11. Portionieren und servieren.

Rigatoni al Capitano

Rigatoni nach Art des Kapitäns

Zutaten für 4 Personen:

¼ Tasse Olivenöl
1 Zwiebel
1 rote
und 1 gelbe Paprikaschote
100 g entkernte
schwarze Oliven
2 EL Tomatenmark
2 EL Mehl
1 Tasse Weißwein
½ l Fleischbrühe
Saft von 2 Zitronen
1 EL Basilikum
500 g Fischfilet
(Kabeljau, Merlan, Heilbutt usw.)
½ TL Salz
¼ TL weißer Pfeffer
1 Bund Dill
400 g Rigatoni

So wird's gemacht:

1. Das Olivenöl in einem Topf erhitzen.
2. Die in kleine Würfel geschnittenen Zwiebeln und die Paprikaschoten dazugeben und kurz mitschwitzen.
3. Die Oliven vierteln und zum Gemüse geben.
4. Das Tomatenmark unterrühren und mit dem Mehl bestäuben.
5. Mit dem Weißwein ablöschen und mit der Fleischbrühe auffüllen.
6. Den Zitronensaft und das Basilikum dazugeben und zugedeckt 10 Minuten köcheln lassen.
7. Das Fischfilet in etwa 2 cm große Würfel schneiden, in die Sauce geben und 5 Minuten gar ziehen lassen.
8. Mit dem Salz und dem Pfeffer abschmecken und den fein gehackten Dill unter die Sauce mischen.
9. Die „al dente" gekochten Rigatoni portionieren, mit der Sauce überziehen und servieren.

Maccheroni con Pancetta e Besciamella

Maccheroni mit Speck und Bechamelsauce

Zutaten für 4 Personen:

50 g Butter oder Margarine
2 Zwiebeln
150 g durchwachsener geräucherter Speck
50 g Mehl
½ l Milch
½ TL Salz
¼ TL weißer Pfeffer
1 Prise Muskat
1 TL Thymian
1 Bund Petersilie
2 EL Butter
400 g Maccheroni
1 Tasse geriebener Käse (Provolone)

So wird's gemacht:

1. Das Fett in einem entsprechenden Topf erhitzen und die feingehackten Zwiebeln darin glasig schwitzen.
2. Den in kleine Würfel geschnittenen Speck dazugeben und auslassen.
3. Mit dem Mehl bestäuben und mit der Milch auffüllen, alles zur Sauce verkochen.
4. Mit dem Salz, dem Pfeffer, dem Muskat und dem Thymian abschmecken.
5. Die feingehackte Petersilie unter die Sauce rühren.
6. Eine feuerfeste Form ausfetten.
7. Die „al dente" gekochten Maccheroni darin verteilen.
8. Mit der Bechamelsauce angießen.
9. Mit Käse bestreuen.
10. Unter dem Grill oder im Ofen überbacken, servieren.

Farfalle alla Boscaiola
Farfalle nach Art der Holzfäller

Zutaten für 4 Personen:

½ Tasse Olivenöl
2 Zwiebeln
50 g durchwachsener geräucherter Speck
100 g gekochter Schinken
100 g Mortadella
100 g Salami
1 kleines Glas eingelegte Paprikaschoten
1 Glas gefüllte Oliven
½ l Tomatensauce
2 Knoblauchzehen
1 EL Majoran
1 Messerspitze gemahlener Kümmel
¼ TL Salz
¼ TL gemahlener Pfeffer
1 Bund Petersilie
400 g Farfalle
1 Tasse geriebener Käse (Bel Paese)

So wird's gemacht:

1. Das Olivenöl in einem entsprechenden Topf erhitzen, die feingehackten Zwiebeln darin glasig schwitzen.
2. Den feingewürfelten Speck dazugeben und auslassen.
3. Den Schinken, die Mortadella und die Salami in kleine Würfel schneiden, zum Speck geben und kurz mitschwitzen.
4. Die abgetropften Paprikaschoten in Streifen schneiden, mit den Oliven zur Wurst geben.
5. Mit der Tomatensauce auffüllen.
6. Mit den feingehackten Knoblauchzehen, dem Majoran, dem Kümmel, dem Salz und dem Pfeffer würzen.
7. Zugedeckt bei mittlerer Hitze etwa 5 Minuten köcheln lassen.
8. Die feingehackte Petersilie unterrühren.
9. Die „al dente" gekochten Farfalle portionieren, die Sauce darüber verteilen und mit dem geriebenen Bel Paese bestreut servieren.

Cappelletti con Broccoli
Cappelletti mit Brokkoli

Zutaten für 4 Personen:

½ Tasse Olivenöl
1 Zwiebel
100 g gekochter Schinken
1 Dose geschälte Tomaten
1 Becher Sahne
1 Bund Basilikum
4 EL Rosinen
2 EL Pinienkerne
1 Glas gesalzene Sardellenfilets
500 g blanchierte Brokkoliröschen
½ TL Salz
¼ TL weißer Pfeffer
1 Prise Zucker
300 g Cappelletti
1 Tasse geriebener Schafskäse (Pecorino)

So wird's gemacht:

1. Das Öl in einem entsprechenden Topf erhitzen und die feingehackte Zwiebel darin glasig schwitzen.
2. Den in Würfel geschnittenen gekochten Schinken dazugeben und kurz mitschwitzen.
3. Die Tomaten durch ein Sieb passieren und zum Schinken geben.
4. Mit der Sahne auffüllen.
5. Das feingehackte Basilikum, die Rosinen, die Pinienkerne und kleingewürfelte Sardellenfilets unter die Sauce mischen.
6. Die blanchierten Brokkoliröschen vorsichtig unter die Sauce heben.
7. Mit dem Salz, dem Pfeffer und dem Zucker abschmecken.
8. Die „al dente" gekochten Cappelletti portionieren.
9. Mit der Sauce überziehen und mit dem frisch geriebenen Schafskäse bestreut servieren.

Fettuccine alla Marinara

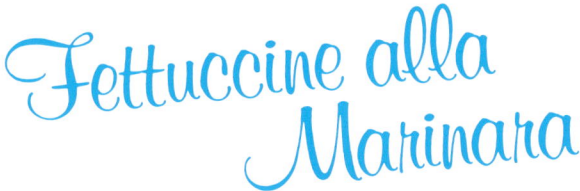

Fettuccine Matrosenart

Zutaten für 4 Personen:

200 g Krabben oder Crevetten
200 g Tintenfische (küchenfertig)
100 g gekochter Schinken
½ Tasse Olivenöl
2 Zwiebeln
1 Karotte
1 Stück Staudensellerie
½ l Tomatensauce
1 Tasse Rotwein
2 Knoblauchzehen
1 Bund Basilikum
1 kleine Pfefferschote
½ TL Salz
¼ TL weißer Pfeffer
400 g Fettuccine

So wird's gemacht:

1. Die Krabben und die Tintenfische unter fließendem Wasser kurz abwaschen und trockentupfen.
2. Den Schinken in kleine Würfel schneiden.
3. Das Olivenöl in einem Topf erhitzen, den Schinken dazugeben und glasig schwitzen.
4. Das Gemüse entsprechend putzen, waschen und in sehr kleine Würfel schneiden, zum Schinken geben und glasig schwitzen.
5. Mit der Tomatensauce und dem Rotwein auffüllen, den feingehackten Knoblauch dazugeben und zugedeckt etwa 30 Minuten köcheln lassen.
6. Das feingehackte Basilikum und die feingehackte Pfefferschote dazugeben.
7. Mit dem Salz und dem Pfeffer abschmecken.
8. Die „al dente" gekochten Fettuccine portionieren, mit der Sauce überziehen und servieren.

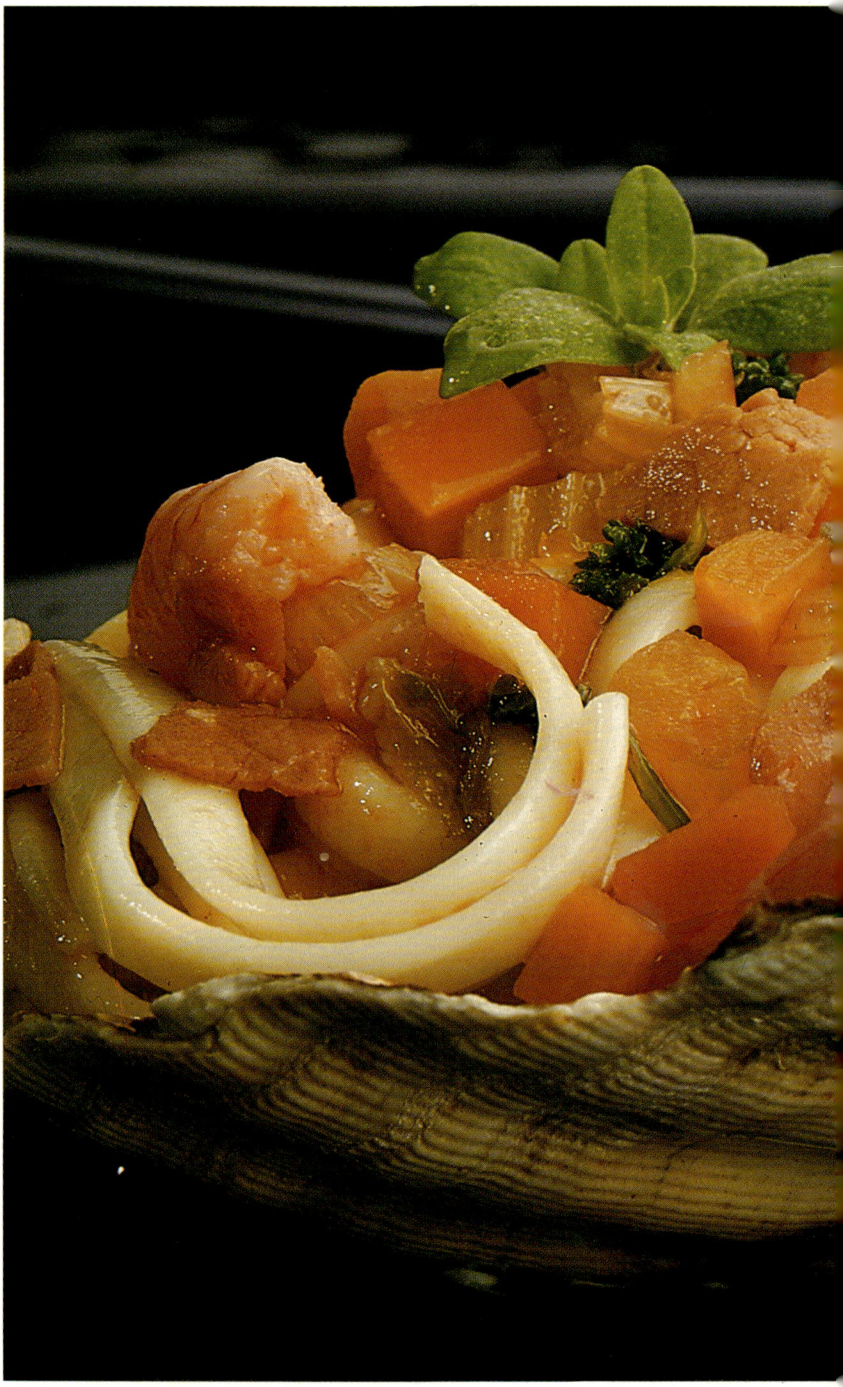

Penne con Cozze e Panna

Penne in Muschelrahm

Zutaten für 4 Personen:

50 g Butter oder Margarine
2 Zwiebeln
500 g Muschelfleisch (Miesmuscheln)
2 EL Mehl
1 Tasse Weißwein
1 Tasse Fleischbrühe
1 Becher Sahne
4 Tomaten
½ TL Salz
¼ TL weißer Pfeffer
1 Prise Zucker
1 Bund Dill
400 g Penne

So wird's gemacht:

1. Das Fett in einem Topf erhitzen und die in feine Würfel geschnittenen Zwiebeln glasig schwitzen.
2. Das abgetropfte Muschelfleisch dazugeben und mit Mehl bestäuben.
3. Mit dem Weißwein, der Fleischbrühe und der Sahne auffüllen und alles zur Sauce verkochen.
4. Die enthäuteten, entkernten und in Würfel geschnittenen Tomaten unterrühren.
5. Mit dem Salz, dem Pfeffer und dem Zucker abschmecken.
6. Den feingehackten Dill mit den „al dente" gekochten Penne unter die Sauce ziehen und alles gut vermischen.
7. Portionieren und servieren.

Ravioli ai Funghi

Ravioli mit Champignons

Zutaten für 4 Personen:

50 g Butter oder Margarine
1 Zwiebel
200 g roher Schinken (Parmaschinken)
250 g frische Champignons
Saft von 2 Zitronen
1 Tasse Weißwein
1 Becher Crème fraîche
½ TL Salz
¼ TL weißer Pfeffer
300 g Ravioli
1 Bund Petersilie

So wird's gemacht:

1. Das Fett in einem Topf erhitzen und die feingehackte Zwiebel darin glasig schwitzen.
2. Den Schinken in dünne Streifen schneiden, zu der Zwiebel geben und kurz mitschwitzen.
3. Die Champignons verlesen, in dünne Scheiben schneiden, zum Schinken geben und ebenfalls kurz mitschwitzen.
4. Mit dem Zitronensaft und dem Weißwein ablöschen.
5. Die Crème fraîche einrühren, mit dem Salz und dem Pfeffer abschmecken.
6. Die „al dente" gekochten Ravioli unter die Sauce ziehen und gut vermischen.
7. Portionieren und mit der frisch gehackten Petersilie bestreut servieren.

Le Consiglio

Dieses Rezept lebt vom feinen Geschmack des Parmaschinkens. Er wird in der Provinz Emilia Romagna, in hohen, luftigen Häusern rund 15 Monate getrocknet. Die Schinken sind mager, leicht gepökelt und geschmackvoll gewürzt.

DER TIP

Tortellini Verdi alla Siciliana

Grüne Tortellini aus Sizilien

Zutaten für 4 Personen:

½ Tasse Olivenöl
100 g durchwachsener geräucherter Speck
1 Zwiebel
1 Karotte
1 Aubergine
1 Zucchini
150 g frische Champignons
1 Tasse Weißwein
1 Tasse gebundene Bratensauce
1 Dose geschälte Tomaten
1 Tasse Sahne
2 Knoblauchzehen
1 TL geriebene Zitronenschale
1 Bund Thymian
1 Bund Origano
½ TL Salz
¼ TL weißer Pfeffer
300 g Tortellini verde

So wird's gemacht:

1. Das Olivenöl in einem Topf erhitzen und den in kleine Würfel geschnittenen Speck darin auslassen.
2. Das Gemüse entsprechend putzen, waschen und in sehr kleine Würfel schneiden, zum Speck geben und kurz mitschwitzen.
3. Die geputzten, gewaschenen und in Scheiben geschnittenen Champignons dazugeben und ebenfalls kurz mitschwitzen.
4. Mit dem Weißwein ablöschen und mit der Bratensauce auffüllen.
5. Die geschälten Tomaten durch ein Sieb dazugeben.
6. Die Sahne unterrühren.
7. Die feingehackten Knoblauchzehen, die Zitronenschale und die gehackten Kräuter unter die Sauce rühren.
8. Mit dem Salz und dem Pfeffer abschmecken.

9. Im verschlossenen Topf bei mittlerer Hitze etwa 30 Minuten köcheln lassen.
10. Die Tortellini „al dente" kochen.
11. Die Tortellini portionieren, mit der Sauce überziehen und servieren.

Maccheroni ai Quattro Formaggi

Maccheroni mit 4 Käsesorten

Zutaten für 4 Personen:

50 g Butter oder Margarine
200 g gekochter Schinken
1 Tasse Weißwein
40 g Gorgonzola
40 g Bel Paese
40 g Parmesan
40 g Pecorino
1 Becher Crème fraîche
1 Spritzer Weinbrand
1 Prise Salz
1 Prise weißer Pfeffer
400 g Maccheroni
1 Bund Petersilie

So wird's gemacht:

1. Das Fett in einem entsprechenden Topf erhitzen und den in kleine Würfel geschnittenen Schinken darin glasig schwitzen.
2. Mit dem Weißwein ablöschen.
3. Die feingeriebenen Käsesorten mit der Crème fraîche dazugeben.
4. Alles unter ständigem Rühren zur Sauce verkochen.
5. Mit dem Weinbrand aromatisieren, mit dem Salz und dem Pfeffer abschmecken.
6. Die „al dente" gekochten Maccheroni dazugeben und alles gut verrühren.
7. Die Maccheroni portionieren und mit der frisch gehackten Petersilie bestreut servieren.

Lasagne Verdi alla Piemontese con Tartufi

Piemonteser grüne Lasagne mit Trüffeln

Zutaten für 4 Personen:

½ Tasse Olivenöl
200 g gemischtes Hackfleisch
1 Zwiebel
1 Karotte
1 kleines Stück Sellerie
2 EL Mehl
1 Glas Rotwein
1 Dose geschälte Tomaten
2 EL Tomatenmark
1 Knoblauchzehe
1 zerriebenes Lorbeerblatt
1 EL Basilikum

Für die Sauce:

50 g Butter
50 g Mehl
½ l Milch
½ TL Salz
¼ TL weißer Pfeffer
1 Prise Muskat

Außerdem:

350 g grüne Lasagne
150 g geriebener Käse (Fontina)
1 kleine Dose eingelegte Trüffel

So wird's gemacht:

1. Das Öl in einem Topf erhitzen und das Hackfleisch darin Farbe nehmen lassen.
2. Das Gemüse entsprechend putzen, waschen und in sehr kleine Würfel schneiden, zum Fleisch geben und kurz mitschwitzen.
3. Mit dem Mehl bestäuben, mit dem Rotwein auffüllen.
4. Die geschälten Tomaten durch ein Sieb in den Topf passieren.
5. Das Tomatenmark, die feingehackte Knoblauchzehe, das zerriebene Lorbeerblatt und den Basilikum unterrühren, mit Salz und Pfeffer abschmecken. Bei mittlerer Hitze zugedeckt etwa 20 Minuten köcheln lassen.
6. Für die Béchamelsauce das Fett in einem kleinen Topf erhitzen.
7. Das Mehl mit einem Schneebesen unterrühren.
8. Mit der Milch auffüllen, unter ständigem Rühren zur Sauce verkochen, mit dem Salz, dem Pfeffer und dem Muskat abschmecken.
9. Anschließend die Lasagneplatten „al dente" kochen.
10. Den Boden einer feuerfesten Form mit Hackfleischsauce bedecken, Nudeln einschichten, wieder Hackfleischsauce darauf verteilen.
11. Anschließend die Béchamelsauce darübergeben und mit Nudeln wieder abdecken.
12. Diese Vorgänge so lange wiederholen, bis alles aufgebraucht ist. Die oberste Schicht soll aber Hackfleischsauce sein.
13. Dann den geriebenen Käse und die kleingeschnittenen Trüffel darüber verteilen.
14. Im Ofen oder unter dem Grill so lange überbacken, bis der Käse eine goldgelbe Farbe bekommen hat.

Cannelloni della Nonna

Großmutters Cannelloni

Zutaten für 4 Personen:

Für die Füllung:

½ Tasse Olivenöl
50 g durchwachsener Speck
100 g gekochter Schinken
200 g gemischtes Hackfleisch
1 Zwiebel
1 Zucchini
1 Aubergine
2 EL Tomatenmark
500 g Tomaten
1 Tasse Rotwein
½ TL Salz
¼ TL weißer Pfeffer
½ Bund Basilikum
100 g Mozzarella

Außerdem:

400 g Cannelloni
½ l Béchamelsauce
1 Tasse Tomatensauce
1 Tasse geriebener Käse (Provolone)

So wird's gemacht:

1. Das Olivenöl in einem Topf erhitzen und den durchwachsenen, in Würfel geschnittenen Speck darin glasig schwitzen.
2. Den in Würfel geschnittenen Schinken dazugeben und kurz mitschwitzen.
3. Das Hackfleisch dazugeben und 5 Minuten braten lassen.
4. Das geputzte, gewaschene und in sehr kleine Würfel geschnittene Gemüse dazugeben und kurz mitschwitzen.
5. Das Tomatenmark unterrühren.
6. Die enthäuteten, entkernten und in Würfel geschnittenen Tomaten dazugeben und mit Rotwein auffüllen.
7. Mit dem Salz, dem Pfeffer und dem Basilikum abschmecken.
8. Zugedeckt bei mittlerer Hitze 10 Minuten köcheln lassen.
9. Vom Feuer nehmen, den in kleine Würfel geschnittenen Mozzarella untermischen und die Masse erkalten lassen.
10. Die Masse in die Cannelloni füllen.
11. Eine ausgefettete, feuerfeste Form damit auslegen.
12. Eventuell die übriggebliebene Masse darüber verteilen.
13. Mit Béchamelsauce angießen.
14. Die Tomatensauce darauf verteilen.
15. Mit dem geriebenen Käse bestreuen und im Ofen bei 180 Grad 25 bis 30 Minuten backen.

Le Consiglio

Für hausgemachte Cannelloni den Teig ausrollen und in 8 x 10 cm große Rechtecke schneiden. Anschließend in Salzwasser kurz kochen, herausnehmen, abtropfen und abkühlen lassen. Dann erst füllen.

DER TIP

Beilagen

Bei uns wenig bekannt sind das Risotto, die Polenta und die Gnocchi, in Italien von der Speisekarte nicht wegzudenken. Diese Beilagen, die auch als Hauptgerichte serviert werden, blicken auf eine lange Tradition zurück, deren Begründer die Venezianer waren.

Risotto con Prosciutto e Asparagi

Schinken-Spargel-Risotto

Zutaten für 4 Personen:

50 g Butter oder Margarine
1 Zwiebel
100 g gekochter Schinken
500 g Spargel
1 Tasse Weißwein
Saft einer Zitrone
einige Spritzer Worcestersauce
300 g Rundkornreis
etwa 1 l gut gewürzte Fleischbrühe
½ TL Salz
¼ TL weißer Pfeffer
1 Bund Zitronenmelisse
4 Tomaten

So wird's gemacht:

1. Das Fett in einem Topf erhitzen und die feingewürfelte Zwiebel darin glasig schwitzen.
2. Den in feine Würfel geschnittenen Schinken dazugeben und kurz mitschwitzen.
3. Den Spargel schälen, in dünne Scheiben schneiden, zum Schinken geben und kurz mitschwitzen.
4. Mit dem Weißwein und dem Zitronensaft ablöschen.
5. Mit etwas Worcestersauce würzen und etwa 5 Minuten köcheln lassen.
6. Den Reis dazugeben und kurz anrösten.
7. 2 Tassen Fleischbrühe angießen und bei offenem Deckel und mittlerer Hitze kochen lassen.
8. Öfters umrühren und nach und nach die restliche Brühe dazugeben.
9. Nach etwa 18 bis 20 Minuten ist das Risotto fertig, mit dem Salz und dem Pfeffer abschmecken.
10. Die gehackte Zitronenmelisse und die enthäuteten, entkernten und in Würfel geschnittenen Tomaten unterziehen und servieren.

Risotto alla Calabrese

Risotto aus Kalabrien

Zutaten für 4 Personen:

50 g Butter oder Margarine
1 Zwiebel
2 Hähnchenbrüste
1 rote und 1 grüne Paprikaschote
300 g Rundkornreis
1 Tasse Rotwein
1 EL Paprikapulver
1 TL Curry
2 EL Tomatenmark
1 Bund Rosmarin
etwa 1 l gut gewürzte Fleischbrühe
1 kleine Dose grüne Erbsen
¼ TL Salz
¼ TL weißer Pfeffer

So wird's gemacht:

1. Das Fett in einem Topf auslassen und die feingehackte Zwiebel darin glasig schwitzen.
2. Die in kleine Würfel geschnittenen Hähnchenbrüste dazugeben und auf allen Seiten Farbe nehmen lassen.
3. Die geputzten, gewaschenen und in kleine Würfel geschnittenen Paprikaschoten dazugeben und kurz mitschwitzen.
4. Den Reis dazugeben und kurz anrösten.
5. Den Rotwein mit dem Paprika, dem Curry und dem Tomatenmark glattrühren und zum Reis geben.
6. Den verlesenen, gewaschenen und feingehackten Rosmarin dazugeben.
7. 2 Tassen Fleischbrühe angießen, bei offenem Deckel und mittlerer Hitze kochen lassen.
8. Öfter umrühren und nach und nach die restliche Brühe dazugeben.
9. Nach etwa 18 bis 20 Minuten ist das Risotto fertig.
10. Die abgetropften grünen Erbsen dazugeben, mit dem Salz und dem Pfeffer abschmecken, erhitzen und servieren.

Risotto con Gallinacci

Risotto mit Pfifferlingen

Zutaten für 4 Personen:

50 g Butter oder Margarine
2 Zwiebeln
300 g Rundkornreis
1 Tasse Weißwein
etwa 1 l gut
gewürzte Fleischbrühe

Außerdem:

2 EL Butter oder Margarine
100 g durchwachsener geräucherter Speck
300 g Pfifferlinge
4 Tomaten
1 Bund Petersilie
1 Tasse Sahne

So wird's gemacht:

1. Das Fett in einem Topf erhitzen und die feingehackten Zwiebeln darin glasig schwitzen.
2. Den Reis dazugeben und kurz anrösten.
3. Mit dem Weißwein angießen und bei offenem Deckel verdampfen lassen.
4. 2 Tassen Fleischbrühe dazugeben und bei mittlerer Hitze kochen.
5. Öfter umrühren und nach und nach die restliche Brühe dazugeben.
6. Nach etwa 18 bis 20 Minuten ist das Risotto fertig, mit dem Salz und dem Pfeffer abschmecken.
7. In der Zwischenzeit in einer Pfanne Butter auslassen und den in feine Würfel geschnittenen Speck dazugeben und anbraten.
8. Die verlesenen, gewaschenen Pfifferlinge dazugeben und kurz mitschwitzen.
9. Die Tomaten enthäuten, entkernen, kleinwürfeln, zu den Pfifferlingen geben.
10. Die verlesene, gewaschene und feingehackte Petersilie darüber verteilen und mit der Sahne angießen.
11. Bei mittlerer Hitze 5 Minuten köcheln lassen.
12. Die Pfifferlinge unter das fertige Risotto mischen, nochmals abschmecken und servieren.

Risotto alla Napoletana

Risotto aus Neapel

Zutaten für 4 Personen:

50 g Butter oder Margarine
1 Zwiebel
300 g Rundkornreis
1 Tasse Weißwein
2 EL Tomatenmark
etwa 1 l gut
gewürzte Fleischbrühe

Außerdem:

3 EL Olivenöl
2 Knoblauchzehen
1 Zwiebel
150 g Muschelfleisch
150 g Krabben oder Crevetten
1 kleine Dose Erbsen
1 Tasse Sahne
½ TL Salz
¼ TL weißer Pfeffer

So wird's gemacht:

1. Das Fett in einem Topf erhitzen und die feingehackte Zwiebel darin glasig dünsten.
2. Den Reis dazugeben und kurz anrösten.
3. Den Weißwein mit dem Tomatenmark glattrühren und zum Reis geben. Bei offenem Deckel verdunsten lassen.
4. 2 Tassen Fleischbrühe angießen und den Reis bei offenem Deckel fertiggaren, dabei nach und nach die restliche Brühe dazugeben.
5. In der Zwischenzeit das Olivenöl in einer Pfanne erhitzen, die feingehackte Knoblauchzehe und die feingehackte Zwiebel dazugeben und glasig schwitzen.
6. Das Muschelfleisch, die Krabben und die abgetropften Erbsen dazugeben.
7. Mit der Sahne angießen, salzen und pfeffern.
8. Bei mittlerer Hitze etwa 5 Minuten köcheln lassen.
9. Die Sauce mit dem fertigen Reis vermischen und servieren.

Polenta delle Dolomiti alla Burgl

Burgl's Polenta aus den Dolomiten

Zutaten für 6 Personen:

½ l gut gewürzte Fleischbrühe
½ l Milch
1 EL Öl
250 g grob gemahlenes Maismehl
1 EL Salz
1 Prise Zucker

Außerdem:

1 Tasse Sahne

Butter oder Margarine zum Ausbacken

So wird's gemacht:

1. Die Fleischbrühe, die Milch und das Öl in einem Topf erhitzen.
2. Das Maismehl unter ständigem Rühren hineinschütten.
3. Mit dem Salz und dem Zucker abschmecken.
4. Unter ständigem Rühren das Maismehl ausquellen lassen.
5. Vorsicht, wenn Sie nicht genügend rühren, brennt

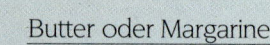

die Polenta an! Nach etwa 50 Minuten ist sie fertig. Es soll ein dicker Brei entstanden sein.

6. Wenn Sie die Polenta als Brei servieren, so rührt man die Sahne unter.
7. Oder man gießt den Brei auf eine gefettete Arbeitsplatte, streicht ihn glatt und schneidet ihn mit einem Bindfaden in Scheiben.
8. Diese Polentascheiben können nur gebacken, gebraten oder gegrillt werden. Ebensogut kann man Polentascheiben füllen oder zu Klößchen formen.

Fritelle di Polenta alla Scherlini

Gebackene Polenta nach Art von Scherlini

Zutaten für 6 Personen:

1 EL Olivenöl
100 g durchwachsener geräucherter Speck
2 Zwiebeln
½ l gut gewürzte Fleischbrühe
½ l Tomatensaft
1 EL Salz
1 Prise Zucker
275 g grob gemahlenes Maismehl
1 Bund Basilikum
1 Bund Petersilie
Fett zum Ausbacken

So wird's gemacht:

1. Das Öl in einem Topf erhitzen und den in Würfel geschnittenen Speck darin auslassen.
2. Die feingehackten Zwiebeln dazugeben und mitschwitzen.
3. Mit der Fleischbrühe und dem Tomatensaft auffüllen, mit dem Salz und dem Zucker abschmecken und zum Kochen bringen, die gehackten Kräuter dazugeben.
4. Das Maismehl unter ständigem Rühren hineinschütten und ausquellen lassen.
5. Vorsicht, wenn Sie nicht genügend rühren, brennt die Polenta an! Nach 50 Minuten ist sie fertig, es soll ein dicker Brei entstanden sein.
6. Den Brei auf eine gefettete Arbeitsplatte schütten und glattstreichen, mit einem Bindfaden in Scheiben schneiden.
7. Diese Polentascheiben im Fett goldgelb ausbacken.
8. Heiß oder kalt servieren.

Le Consiglio

In Italien ist die Polenta aus der Küche nicht wegzudenken. Viele Haushalte besitzen einen eigenen Kessel für die Zubereitung. Doch das Wichtigste für das Gelingen ist rühren, rühren, rühren. Wenn die Polenta doch einmal anhängt, sofort in einen anderen Topf umfüllen.

DER TIP

Gnocchi di Patate al Basilico

Kartoffelklößchen mit Basilikum

Zutaten für 6 Personen:

1 kg gekochte Kartoffeln
200 g Mehl
1 TL Salz
1 Prise Muskat
½ Tasse lauwarmes Wasser

Außerdem:

½ l Tomatensauce
2 EL Butter

1 Bund Basilikum
½ Tasse geriebener Parmesan

So wird's gemacht:

1. Die gekochten Kartoffeln durch ein Sieb in eine Schüssel drücken.
2. Das gesiebte Mehl, das Salz, den Muskat und das lauwarme Wasser dazugeben.
3. Alles zu einem Teig verarbeiten.
4. Auf einer bemehlten Arbeitsfläche den Teig zu einer Wurst ausrollen.
5. In 5 cm dicke Scheiben schneiden.
6. In kochendes Salzwasser geben und 5 Minuten garen, herausnehmen, abtropfen lassen und anrichten.
7. Mit der heißen Tomatensauce überziehen.
8. Das feingehackte Basilikum in Butter kurz anschwenken, über die Tomatensauce verteilen und mit Parmesan bestreut servieren.

Gnocchi di Semolino

Überbackene Klößchen

Zutaten für 6 Personen:

Für den Teig:

¾ l Milch
50 g Butter
200 g Grieß
2 Eigelb

Außerdem:

Butter zum Ausfetten
50 g Butter
50 g Mehl
½ l Milch
½ TL Salz
¼ TL weißer Pfeffer
1 Prise Muskat
½ Tasse geriebener Parmesan

So wird's gemacht:

1. Die Milch mit der Butter zum Kochen bringen und den Grieß einrühren, bei schwacher Hitze unter ständigem Rühren 15 Minuten ausquellen lassen, vom Feuer nehmen, die Eigelbe unterziehen, erkalten lassen.
2. Auf einer bemehlten Arbeitsfläche zu einer länglichen Wurst ausrollen.
3. In 2 bis 3 cm dicke Scheiben schneiden.
4. Eine feuerfeste Form ausfetten und die Gnocchi hineinschichten.
5. Die Butter in einem Topf zerlassen, das Mehl mit einem Schneebesen einrühren.
6. Mit der Milch auffüllen und zur Sauce verkochen.
7. Mit dem Salz, dem Pfeffer und dem Muskat abschmecken.
8. Die Béchamelsauce über die Gnocchi verteilen.
9. Mit dem Parmesankäse bestreuen.
10. Im auf 180 Grad vorgeheizten Backofen etwa 15 Minuten garen.

Le Consiglio

Verwenden Sie für Gerichte mit einem milden Geschmack immer den weißen Pfeffer, er ist nicht so scharf wie der schwarze Pfeffer. Für beide Pfeffersorten gilt: immer frisch gemahlen aus der Mühle verwenden.

DER TIP

Gnocchi alla Marchesa

Kartoffelklößchen Herzoginart

Zutaten für 6 Personen:

1 kg gekochte Kartoffeln
200 g Mehl
2 Eier
1 TL Salz
½ TL weißer Pfeffer
1 Prise Muskat
½ Tasse geriebener Parmesan
Öl zum Ausbacken

Außerdem:

150 g durchwachsener Speck
2 Zwiebeln
2 Tassen gebundene Bratensauce
1 Bund Petersilie

So wird's gemacht:

1. Die gekochten Kartoffeln durch ein Sieb in eine Schüssel drücken.
2. Das gesiebte Mehl und die Eier dazugeben und zu einem Teig verarbeiten.
3. Mit dem Salz, dem Pfeffer und dem Muskat abschmecken.
4. Den geriebenen Parmesan unterarbeiten.
5. Auf einer bemehlten Arbeitsfläche zu einer dicken Wurst ausrollen und in 3 cm dicke Scheiben schneiden.
6. Die Gnocchi im Öl ausbacken und warm stellen.
7. Den feingewürfelten Speck in einer Pfanne auslassen.
8. Die feingehackten Zwiebeln dazugeben und glasig schwitzen.
9. Mit der Bratensauce auffüllen und 5 Minuten köcheln lassen.
10. Die feingehackte Petersilie dazugeben, mit Salz und Pfeffer abschmecken.
11. Die Sauce über die angerichteten Gnocchis verteilen und servieren.

Pizza

Schon pompejanische Fresken zeigen runde Brotfladen, und bei den alten Römern wurden bereits Fladenbrote gebacken. Das mag der Anfang für den Siegeszug der Pizza gewesen sein, deren köstliche Variationen in der ganzen Welt geschätzt werden.

Pizza Sirena

Pizza nach Art der Sirenen

Zutaten für 4 Personen:

2 EL Olivenöl
2 Bund Frühlingszwiebeln
1 rote
und 1 grüne Paprikaschote
1 Dose geschälte Tomaten
½ TL Salz
¼ TL schwarzer Pfeffer
1 Bund Origano

Außerdem:

400 g in Öl eingelegten Thunfisch
100 g schwarze Oliven
1 Glas Sardellen
einige eingelegte Pfefferschoten
200 g geriebener Käse (Creszenca)
1 Rezept Pizzateig

So wird's gemacht:

1. Das Olivenöl in einem Topf erhitzen und die feingeschnittenen Frühlingszwiebeln darin glasig schwitzen.
2. Die geputzten, gewaschenen und in Würfel geschnittenen Paprikaschoten dazugeben und kurz mitschwitzen.
3. Die Tomaten unter das Gemüse mischen, mit dem Salz, dem Pfeffer und dem Origano würzen.
4. Zugedeckt bei mittlerer Hitze etwa 10 Minuten köcheln lassen.
5. Den Thunfisch abtropfen lassen und zerpflücken.
6. Das Gemüse auf dem vorbereiteten Pizzateig verteilen.
7. Den Thunfisch, die Oliven, die Sardellen und die Pfefferschoten darauflegen.
8. Mit dem geriebenen Käse bestreuen.
9. Im auf 220 Grad vorgeheizten Backofen 20 bis 25 Minuten backen.

Pizza Primavera

Frühlingspizza

Zutaten für 4 Personen:

3 EL Olivenöl
150 g durchwachsener geräucherter Speck
1 Hähnchenbrust
1 Paket Balkangemüse (tiefgekühlt)
2 EL Tomatenmark
1 Tasse Rotwein
1 Bund Rosmarin
1 TL Salz
¼ TL weißer Pfeffer

Außerdem:

4 Tomaten
200 g geriebener Käse (Mozzarella)
1 Rezept Pizzateig

So wird's gemacht:

1. Das Olivenöl in einem Topf erhitzen und den feingewürfelten Speck darin auslassen.
2. Die feingeschnittene Hähnchenbrust zum Speck geben und anbraten.
3. Das aufgetaute Gemüse zum Fleisch geben und kurz mitschwitzen.
4. Das Tomatenmark unterrühren und mit dem Rotwein angießen.
5. Zugedeckt bei mittlerer Hitze etwa 10 Minuten köcheln lassen.
6. Den feingehackten Rosmarin dazugeben, mit dem Salz und dem Pfeffer abschmecken.
7. Die Tomaten schälen und in Scheiben schneiden.
8. Die Tomaten und das Gemüse auf dem vorbereiteten Pizzateig verteilen.
9. Mit dem geriebenen Käse bestreuen.
10. Im auf 220 Grad vorgeheizten Backofen 20 bis 25 Minuten backen.

Le Consiglio

Die Pizza ist ein Gericht, bei dem Hobbyköche voll auf ihre Kosten kommen. Kein anderes Rezept läßt so viele Möglichkeiten offen, um der Phantasie freien Lauf zu lassen. Alles ist erlaubt, was schmeckt; nur der Käse darf nicht fehlen.

DER TIP

Pizza – Teigvariation 1

Zutaten für 4 Personen:

500 g Mehl
30 g Hefe
100 g Butter oder Margarine
1 Tasse Milch
2 Eigelb
1 TL Salz
1 TL gemahlener Kümmel

So wird's gemacht:

1. Das Mehl in eine Schüssel sieben und eine Mulde eindrücken.
2. Die Milch und die Butter in einem Topf erwärmen, die Hefe hineinbröckeln und gehen lassen.
3. Wenn die Hefe gegangen ist, zum Mehl geben.
4. Mit den Eigelben, dem Salz und dem Kümmel zu einem glatten Teig verarbeiten.
5. Zu einer Kugel formen, mit einem Messer über Kreuz einschneiden, mit Mehl leicht bestäuben und nochmals gehen lassen (etwa 30 Minuten).
6. Wenn man statt einer großen Pizza 4 kleine machen will, wird der Teig nur in 4 Teile geteilt und mit den Kugeln genauso verfahren wie beschrieben.
7. Vor der Weiterverarbeitung nochmals gut durcharbeiten und ausrollen. Für eine Portion zu einem dünnen runden Fladen, für 4 Portionen auf die Größe eines Backblechs ausrollen.
8. Den Teig in eine gut gefettete Pizzaform oder auf ein gefettetes Backblech legen.
9. Den Rand etwas nach oben drücken, er soll etwas höher sein als die Innenfläche.
10. Je nach Geschmack belegen und im vorgeheizten Ofen bei 220 Grad 20 bis 25 Minuten backen.

Pizza „Mamma Lucia"

Zutaten für 4 Personen:

2 EL Olivenöl
300 g gemischtes Hackfleisch
1 Zwiebel
2 Knoblauchzehen
3 EL Tomatenmark
1 Tasse Weißwein
1 Bund Origano
1 TL Salz
¼ TL weißer Pfeffer
1 Prise Paprika

Außerdem:

4 Tomaten
400 g blanchierte Brokkoliröschen
200 g geriebener Käse (Stracchino)
1 Rezept Pizzateig

So wird's gemacht:

1. Das Olivenöl in einem Topf erhitzen und das Hackfleisch darin scharf anbraten.
2. Die feingehackte Zwiebel und die feingehackten Knoblauchzehen dazugeben und kurz mitschwitzen.
3. Das Tomatenmark unterrühren und mit dem Weißwein ablöschen.
4. Zugedeckt bei mittlerer Hitze 10 Minuten köcheln lassen.
5. Den feingehackten Origano unterziehen, mit dem Salz, dem Pfeffer und dem Paprika abschmecken.
6. Die Tomaten schälen und in Scheiben schneiden.
7. Die Tomaten und Brokkoliröschen auf dem vorbereiteten Pizzateig verteilen.
8. Die Hackfleischsauce darübergießen.
9. Mit Käse bestreuen.
10. Im auf 220 Grad vorgeheizten Backofen 20 bis 25 Minuten backen.

Pizza alle Verdure

Gemüsepizza

Zutaten für 4 Personen:

½ Tasse Olivenöl
200 g roher Schinken
1 Zwiebel
1 rote
und 1 grüne Paprikaschote
1 Stange Lauch
1 Zucchini
1 Tasse Weißwein
½ TL Salz
¼ TL weißer Pfeffer
1 Prise Muskat
1 Bund Petersilie
200 g geriebener Käse
(Bel Paese)
1 Rezept Pizzateig

So wird's gemacht:

1. Das Öl in einem Topf erhitzen und den in kleine Streifen geschnittenen Schinken darin glasig schwitzen.
2. Das Gemüse entsprechend putzen, waschen, in kleine Würfen schneiden, zum Schinken geben und kurz mitschwitzen.
3. Die Tomaten enthäuten, entkernen, zum Gemüse geben.
4. Mit dem Weißwein ablöschen.
5. Mit dem Salz, dem Pfeffer und dem Muskat abschmecken.
6. Zugedeckt bei mittlerer Hitze etwa 15 Minuten köcheln lassen.
7. Die feingehackte Petersilie untermischen.
8. Das Gemüse auf dem vorbereiteten Pizzateig verteilen.
9. Mit dem geriebenen Käse bestreuen.
10. Im auf 220 Grad vorgeheizten Backofen 20 bis 25 Minuten backen.

Pizza – Teigvariation 2

Zutaten für 4 Personen:

400 g Mehl
1 TL Backpulver
70 g Butter oder Margarine
2 Eier
1 TL geriebene Zitronenschale
½ Tasse Milch
2 cl Amaro Siciliano (Averna)
1 Prise Salz

So wird's gemacht:

1. Das Mehl und das Backpulver in eine Schüssel sieben.
2. Die Butter und die Eier in einer Schüssel gut verschlagen.
3. Die Zitronenschale dazugeben.
4. Mit dem Mehl, der Milch, dem Amaro und dem Salz zu einem glatten Teig verarbeiten.
5. 1 Stunde im Kühlschrank ruhen lassen.
6. Vor der Weiterverarbeitung nochmals gut durchkneten, für eine Portion zu einem dünnen, runden Fladen, für 4 Portionen auf die Größe eines Backblechs ausrollen.
7. Den Teig in eine gut gefettete Pizzaform oder auf ein gut gefettetes Backblech legen.
8. Den Rand etwas nach oben drücken, er soll etwas höher sein als die Innenfläche. Mit einer Gabel einige Male die Oberfläche einstechen.
9. Je nach Geschmack belegen und im vorgeheizten Ofen bei 220 Grad 20 bis 25 Minuten backen.

Pizza Frutti di Mare

Pizza mit Meeresfrüchten

Zutaten für 4 Personen:

3 EL Öl
2 Knoblauchzehen
3 Zwiebeln
100 g Muschelfleisch
100 g Krabben oder Crevetten
100 g küchenfertige Tintenfische
1 Dose geschälte Tomaten
1 Bund Origano
½ Bund Thymian
1 TL Salz
¼ TL weißer Pfeffer

Außerdem:

100 g entkernte schwarze Oliven
1 Röhrchen Kapern
200 g geriebener Käse (Mozarella)
Pizzateig

So wird's gemacht:

1. Das Öl in einem Topf erhitzen.
2. Die feingehackten Knoblauchzehen und die feingehackten Zwiebeln dazugeben und glasig schwitzen.
3. Das küchenfertige Muschelfleisch, die Krabben und die Tintenfische dazugeben und kurz mitschwitzen.
4. Die geschälten Tomaten dazugeben und alles zugedeckt bei mittlerer Hitze etwa 25 Minuten köcheln lassen.
5. Den gehackten Origano und den gehackten Thymian dazugeben.
6. Mit dem Salz und dem Pfeffer abschmecken.
7. Die Masse auf dem vorbereiteten Pizzateig verteilen.
8. Mit den Oliven, den Kapern und dem Käse bestreuen.
9. Im auf 220 Grad vorgeheizten Backofen 20 bis 25 Minuten backen.

Pizza Pirata

Seeräuberpizza

Zutaten für 4 Personen:

3 EL Öl
50 g durchwachsener Speck
1 Zwiebel
2 Knoblauchzehen
150 g gemischtes Hackfleisch
100 g frische Champignons
1 Dose geschälte Tomaten
1 Bund Origano
1 Bund Basilikum
1 TL Salz
½ TL Pfeffer
1 Spritzer Pfeffersauce

Außerdem:

4 Tomaten
1 kleine Dose Artischockenherzen
300 g geriebener Käse (Mozarella)
Pizzateig

So wird's gemacht:

1. Das Öl in einem Topf erhitzen und den in kleine Würfel geschnittenen Speck darin auslassen.
2. Die feingehackte Zwiebel und die feingehackten Knoblauchzehen dazugeben und glasig schwitzen.
3. Das gemischte Hackfleisch dazugeben und kurz mitrösten.
4. Die geputzten und in Scheiben geschnittenen Champignons dazugeben und kurz mitschwitzen.
5. Zugedeckt bei mittlerer Hitze etwa 15 Minuten köcheln lassen.
6. Den Origano, das Basilikum verlesen, waschen, fein hacken und unter die Sauce rühren.
7. Mit dem Salz, dem Pfeffer und der Pfeffersauce abschmecken.
8. Die Tomaten enthäuten und in Scheiben schneiden.
9. Die Artischockenherzen abtropfen lassen und vierteln.
10. Die Tomaten auf dem vorbereiteten Pizzateig verteilen, mit der Sauce übergießen.
11. Die Artischocken daraufgelegen, mit dem Käse bestreuen.
12. Im auf 220 Grad vorgeheizten Backofen 20 bis 25 Minuten backen.

Pizza – Teigvariation 3

Zutaten für 4 Personen:

400 g Mehl
30 g Hefe
1 EL Zucker
¼ l lauwarmes Wasser
1 ¼ TL Salz
2 EL Öl

So wird's gemacht:

1. Das Mehl in eine Schüssel sieben und eine Mulde eindrücken.
2. Die Hefe in die Mulde bröckeln und den Zucker darüberstreuen.
3. Das lauwarme Wasser angießen und zugedeckt an einem warmen Ort gehen lassen.
4. Das Salz und das Öl dazugeben und alles zu einem glatten Teig verarbeiten.
5. Zu einer Kugel formen, mit einem Messer über Kreuz einschneiden und mit etwas Mehl leicht bestäuben. Nochmals gehen lassen (etwa 30 Minuten).
6. Wenn man statt einer großen Pizza 4 kleine machen will, wird der Teig in 4 Teile geteilt und mit den Kugeln genauso verfahren wie beschrieben.
7. Vor der Weiterverarbeitung nochmals gut durcharbeiten und ausrollen. Für 1 Portion zu einem dünnen runden Fladen, für 4 Portionen auf die Größe eines Backbleches ausrollen.
8. Den Teig in eine gut gefettete Pizzaform oder auf ein gefettetes Backblech legen.
9. Den Rand leicht nach oben drücken. Er soll etwas höher sein als die Innenfläche.
10. Je nach Geschmack belegen und im vorgeheizten Ofen bei 220 Grad 20 bis 25 Minuten backen.

Focaccia

Brotpizza

Zutaten für 4 Personen:

Pizzateig
500 g grüne gefüllte Oliven
50 g schwarze Oliven
4 Knoblauchzehen
1 Tasse Olivenöl
1 Bund Basilikum
1 EL Kümmel
2 EL grobes Salz

So wird's gemacht:

1. Die Oliven und die klein gestiftelten Knoblauchzehen in den vorbereiteten Pizzateig stecken.
2. Mit dem Olivenöl bestreichen.
3. Mit dem gehackten Basilikum, dem Kümmel und dem groben Salz bestreuen.
4. Im auf 220 Grad vorgeheizten Ofen 20 bis 25 Minuten backen.

Calzone di Estate

Sommercalzone

Zutaten für 4 Personen:

2 EL Olivenöl
2 Zwiebeln
2 Karotten
1 Stange Lauch
150 g gekochter Schinken
2 Tassen Weißwein
1 kleine Dose Erbsen
1 TL Salz
1/4 TL weißer Pfeffer
1 Prise Zucker
3 Eier
1 Bund Petersilie
150 g geriebener Käse (Fontina)
1 Tasse Tomatensauce
Pizzateig

So wird's gemacht:

1. Das Olivenöl in einem Topf erhitzen und das in kleine Würfel geschnittene Gemüse darin kurz anschwitzen.
2. Den in Würfel geschnittenen Schinken dazugeben, mit dem Weißwein aufgießen und bei mittlerer Hitze etwa 10 Minuten köcheln lassen.
3. Den Topf öffnen und so lange kochen, bis die Flüssigkeit verdampft ist.
4. Die abgetropften Erbsen dazugeben, mit dem Salz, dem Pfeffer und dem Zucker abschmecken.
5. Die Eier verschlagen, die feingehackte Petersilie untermischen.
6. Die Eier zu dem Gemüse geben und unter ständigem Rühren stocken lassen.
7. Die Hälfte des vorbereiteten Pizzateiges mit dem Gemüse und dem Käse gleichmäßig bedecken, dabei einen fingerbreiten Rand freilassen.

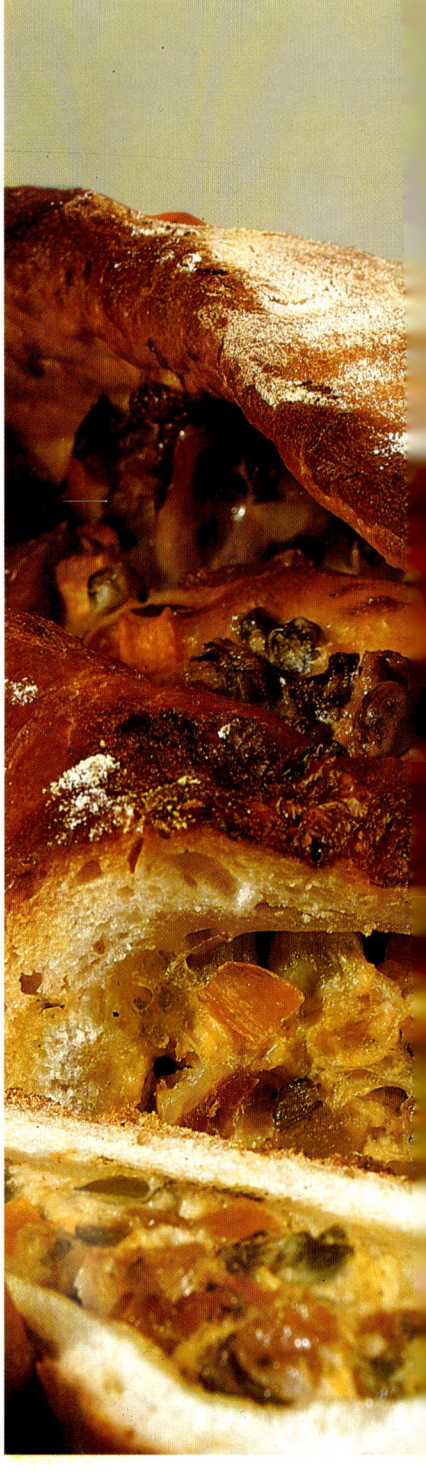

Pizza – Teigvariation 4

Zutaten für 4 Personen:

450 g Weizenvollkornschrot
1 EL brauner Zucker
1 TL Salz
½ TL Koriander
½ TL Kardamom
½ TL Fenchel
30 g Hefe
¼ l lauwarmes Wasser
1 EL Öl

So wird's gemacht:

1. Das Mehl in eine Schüssel sieben.
2. Mit dem Zucker, dem Salz und den Gewürzen vermischen. Eine Mulde eindrücken.
3. Die Hefe darin zerbröckeln und mit dem lauwarmen Wasser angießen, zugedeckt an einem warmen Ort gehen lassen.
4. Das Öl dazugeben und alles zu einem glatten Teig verarbeiten.
5. Zu einer Kugel formen, mit einem Messer über Kreuz einschneiden, mit etwas Mehl leicht bestäuben und nochmals gehen lassen (etwa 30 Minuten).
6. Weiterverarbeitung wie beim vorhergehenden Rezept.

8. Die andere Hälfte darüberklappen und die Ränder gut zusammendrücken.
9. Im auf 220 Grad vorgeheizten Backofen 25 bis 30 Minuten backen.

Salate und Gemüse

Der Genießer sucht sich seine Salate und Gemüse auf den italienischen Märkten selbst aus; ein selbstverständlicher Brauch, um das Beste vom Besten in die Küche zu bekommen und außerdem ein Erlebnis für Auge und Nase.

Insalata Aida
Salat Aida

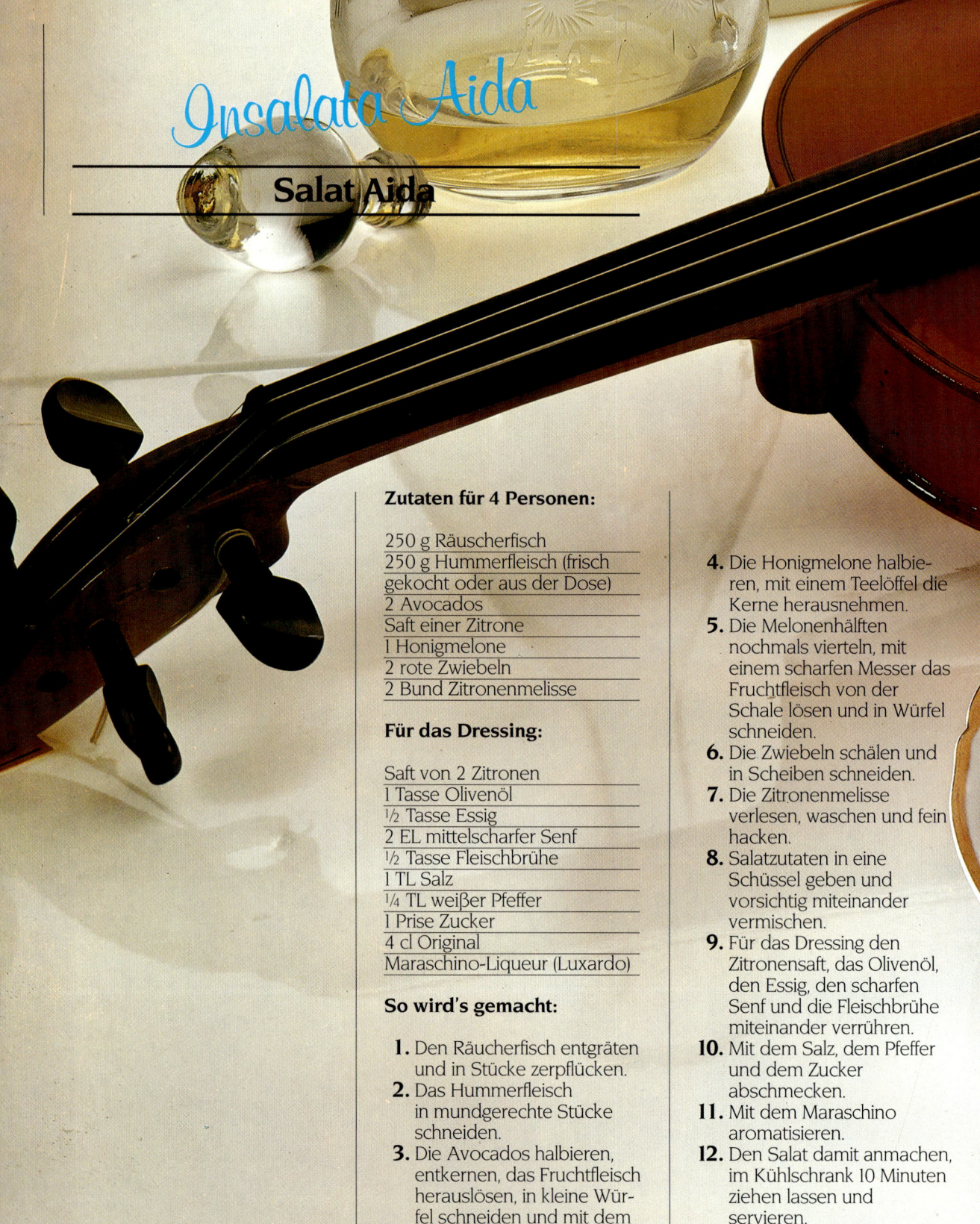

Zutaten für 4 Personen:

250 g Räucherfisch
250 g Hummerfleisch (frisch gekocht oder aus der Dose)
2 Avocados
Saft einer Zitrone
1 Honigmelone
2 rote Zwiebeln
2 Bund Zitronenmelisse

Für das Dressing:

Saft von 2 Zitronen
1 Tasse Olivenöl
½ Tasse Essig
2 EL mittelscharfer Senf
½ Tasse Fleischbrühe
1 TL Salz
¼ TL weißer Pfeffer
1 Prise Zucker
4 cl Original Maraschino-Liqueur (Luxardo)

So wird's gemacht:

1. Den Räucherfisch entgräten und in Stücke zerpflücken.
2. Das Hummerfleisch in mundgerechte Stücke schneiden.
3. Die Avocados halbieren, entkernen, das Fruchtfleisch herauslösen, in kleine Würfel schneiden und mit dem Zitronensaft beträufeln.
4. Die Honigmelone halbieren, mit einem Teelöffel die Kerne herausnehmen.
5. Die Melonenhälften nochmals vierteln, mit einem scharfen Messer das Fruchtfleisch von der Schale lösen und in Würfel schneiden.
6. Die Zwiebeln schälen und in Scheiben schneiden.
7. Die Zitronenmelisse verlesen, waschen und fein hacken.
8. Salatzutaten in eine Schüssel geben und vorsichtig miteinander vermischen.
9. Für das Dressing den Zitronensaft, das Olivenöl, den Essig, den scharfen Senf und die Fleischbrühe miteinander verrühren.
10. Mit dem Salz, dem Pfeffer und dem Zucker abschmecken.
11. Mit dem Maraschino aromatisieren.
12. Den Salat damit anmachen, im Kühlschrank 10 Minuten ziehen lassen und servieren.

Insalata al Cuoco di Bordo
Salat nach Art des Schiffskochs

Zutaten für 4 Personen:

100 g Muschelfleisch
100 g Krabben oder Crevetten
100 g Tintenfische gekocht
1 rote
und 1 gelbe Paprikaschote
4 rote Zwiebeln
100 g frische Champignons
Saft von 2 Zitronen
4 Tomaten

Für das Dressing:

100 g gefüllte Oliven
1 Tasse Weißwein
1 Tasse Essig
1 Tasse Olivenöl
2 Knoblauchzehen
1 TL Salz
¼ TL weißer Pfeffer
1 Bund Zitronenmelisse

Außerdem:

1 Kopfsalat

So wird's gemacht:

1. Die Muscheln und die Krabben unter fließendem Wasser kurz abwaschen, trockentupfen und mit den fertiggegarten Tintenfischen in eine Schüssel geben.
2. Die Paprikaschoten entsprechend putzen, waschen und in hauchdünne Streifen schneiden.
3. Die Zwiebeln schälen und ebenfalls in Streifen schneiden.
4. Die Champignons putzen, in Scheiben schneiden und mit dem Zitronensaft beträufeln.
5. Die Tomaten enthäuten, entkernen und in Würfel schneiden.
6. Alle Zutaten vorsichtig in einer Schüssel miteinander vermischen.
7. Die gefüllten Oliven feinhacken, mit dem Weißwein, dem Essig, dem Olivenöl in einer Schüssel vermischen.
8. Die Knoblauchzehen mit dem Salz zerreiben und unter das Dressing rühren.
9. Das Dressing pfeffern und die gehackte Zitronenmelisse unterziehen.

10. Den Salat damit anmachen und im Kühlschrank mindestens 15 Minuten ziehen lassen.
11. Den Kopfsalat verlesen, waschen und mit den Blättern eine Schüssel auslegen, den Salat darüber verteilen und servieren.

Insalata Mista all' Italiana

Gemischter Salat

Zutaten für 4 Personen:

100 g junge Spinatblätter
1 Kopf Radicchio
1 Chicorée
1 kleiner Römersalat
oder Eisbergsalat

Für das Dressing:

1 Tasse Olivenöl
½ Tasse Essig
1 Tasse Weißwein
Saft von 2 Zitronen
2 EL mittelscharfer Senf
2 hartgekochte Eier
1 Bund Petersilie
½ Bund Estragon
½ Bund Pfefferminze
1 TL Salz
½ TL weißer Pfeffer
1 Prise Zucker

So wird's gemacht:

1. Den Spinat entsprechend putzen, waschen und zerpflücken.
2. Vom Radicchio den Strunk entfernen, die Blätter entsprechend putzen, waschen und zerpflücken.
3. Den Chicorée halbieren, den Strunk herausschneiden, waschen und in etwa 1 cm dicke Stücke schneiden.
4. Den Eisbergsalat verlesen, waschen, in mundgerechte Stücke zerpflücken oder kleinschneiden.
5. Für das Dressing das Öl, den Essig, den Weißwein, den Zitronensaft und den Senf in einer Schüssel verrühren.
6. Die hartgekochten Eier schälen, hacken und mit den gehackten Kräutern unter das Dressing mischen.
7. Mit dem Salz, dem Pfeffer und dem Zucker abschmecken.
8. Den Salat damit anmachen, im Kühlschrank mindestens 15 Minuten ziehen lassen.

Le Consiglio

Wenn Sie Radicchiosalat mit dickem Strunk bekommen, sollten Sie diesen ganz herauslösen, schälen, in dünne Scheiben schneiden und in Salzwasser blanchieren. So verarbeitet mit unter den Salat mischen.

DER TIP

Insalata con Pasta Verde

Salat mit grünen Nudeln

Zutaten für 4 Personen:

250 g grüne Nudeln
2 rote Zwiebeln
200 g frische Champignons
100 g Salami
100 g gekochter Schinken
100 g Krabben oder Crevetten
100 g Muscheln aus der Dose
2 Tomaten

Für das Dressing:

2 Becher Joghurt
1 Tasse Tomatenketchup
½ Tasse Essig
Saft einer Zitrone
1 Bund Origano
1 TL Salz
¼ TL schwarzer Pfeffer
4 cl Amaro Siciliano (Averna)

So wird's gemacht:

1. Die Nudeln in Salzwasser „al dente" kochen.
2. Die Zwiebeln schälen und in dünne Scheiben schneiden.
3. Die Champignons putzen, waschen und ebenfalls in Scheiben schneiden.
4. Die Salami und den Schinken in Streifen schneiden.
5. Die Krabben unter fließendem Wasser abwaschen und trockentupfen.
6. Die Muscheln gut abtropfen lassen.
7. Die Tomaten enthäuten, entkernen und in Streifen schneiden.
8. Die Salatzutaten in eine Schüssel geben und vorsichtig miteinander vermischen.
9. Für das Dressing den Joghurt, das Tomatenketchup, den Essig und den Zitronensaft glattrühren.
10. Den gehackten Origano unterrühren, mit dem Salz und dem Pfeffer abschmecken.
11. Mit dem Amaro aromatisieren.
12. Den Salat damit anmachen, im Kühlschrank 10 Minuten ziehen lassen und servieren.

Insalata alla Boscaiola

Salat mit frischen Waldpilzen

Zutaten für 4 Personen:

250 g gekochtes oder gebratenes Wildfleisch
2 Zwiebeln
150 g roher Schinken
4 EL Butter oder Margarine
200 g frische Pfifferlinge
200 g frische Steinpilze
1 Kopfsalat

Für das Dressing:

1 Tasse Weißwein
½ Tasse Essig
1 Becher Sahne
1 TL Salz
¼ TL weißer Pfeffer
2 EL Preiselbeeren
4 cl Sambuca Molinari (Likör)
1 Bund Petersilie

So wird's gemacht:

1. Das Wildfleisch in kleine Würfel schneiden.
2. Die Zwiebeln fein würfeln.
3. Den Schinken in kleine Würfel schneiden.
4. Das Fett in einer Pfanne erhitzen und die geputzten, gewaschenen und kleingeschnittenen Pilze darin glasig schwitzen.
5. Vom Feuer nehmen und erkalten lassen.
6. Den Kopfsalat entsprechend putzen, waschen, verlesen und eine Schüssel damit auslegen.
7. Die übrigen Salatzutaten miteinander vermischen.
8. Für das Dressing den Weißwein, den Essig und die Sahne miteinander glattrühren.
9. Mit dem Salz, dem Pfeffer und den Preiselbeeren abschmecken.
10. Mit dem Sambuca aromatisieren.
11. Den Salat damit anmachen.
12. Auf die Kopfsalatblätter verteilen und mit der frisch gehackten Petersilie bestreut servieren.

Insalata Capricciosa

Salat Capricciosa

Zutaten für 4 Personen:

1 Kopfsalat
1 Radicchio
2 Zwiebeln
100 g schwarze Oliven
1 Glas gesalzene Sardellenfilets
250 g in Öl
eingelegter Thunfisch
2 hartgekochte Eier
2 Tomaten
8 eingelegte Pfefferschoten

Für das Dressing:

1 Tasse Olivenöl
½ Tasse Essig
Saft von 2 Zitronen
einige Spritzer Worcestersauce
½ TL Salz
¼ TL schwarzer Pfeffer
1 Prise Zucker

So wird's gemacht:

1. Den Kopfsalat und den Radicchio entsprechend putzen, waschen und in mundgerechte Stücke zerpflücken.
2. Die Zwiebeln schälen und in Scheiben schneiden.
3. Die Oliven entkernen.
4. Die Sardellenfilets unter fließendem Wasser abwaschen und trockentupfen.
5. Den Thunfisch in mundgerechte Stücke zerpflücken.
6. Die hartgekochten Eier achteln.
7. Die Tomaten enthäuten, entkernen und ebenfalls achteln.
8. Die Salatzutaten in eine Schüssel geben und vorsichtig miteinander mischen.
9. Die Pfefferschoten darauf verteilen.
10. Für das Dressing das Öl, den Essig und den Zitronensaft miteinander verrühren.
11. Mit der Worcestersauce, dem Salz, dem Pfeffer und dem Zucker abschmecken.
12. Den Salat damit anmachen, 10 Minuten ziehen lassen und servieren.

Insalata Tutti Frutti

Salat Tutti Frutti

Zutaten für 4 Personen:

200 g gekochtes oder gebratenes Hähnchenfleisch
150 g Muscheln aus dem Glas
150 g Krabben oder Crevetten
2 Tomaten
1 rote und
1 grüne Paprikaschote
2 Orangen
200 g gekochter Reis

Für das Dressing:

1 Becher saure Sahne
1 Tasse Mayonnaise
1 Tasse Tomatenketchup
1 TL Paprikapulver
1 TL Curry
4 cl Amaretto di Saronno originale
½ TL Salz
¼ TL weißer Pfeffer
1 Prise Zucker
1 Bund Petersilie

So wird's gemacht:

1. Das Hähnchenfleisch in Würfel schneiden.
2. Die Muscheln gut abtropfen lassen.
3. Die Krabben unter fließendem Wasser abwaschen.
4. Die Tomaten enthäuten, entkernen und in Würfel schneiden.
5. Die Paprikaschoten entsprechend putzen, waschen und in dünne Streifen schneiden.
6. Die Orangen filetieren.
7. Die Zutaten mit dem Reis in einer Schüssel vermischen.
8. Für das Dressing die Sahne, die Mayonnaise und das Tomatenketchup verrühren.
9. Mit dem Paprika und dem Curry würzen.
10. Mit dem Amaretto aromatisieren, mit dem Salz, dem Pfeffer und dem Zucker abschmecken.
11. Den Salat damit anmachen.
12. Mit der frisch gehackten Petersilie bestreut servieren.

Insalata del Buon Gustaio

Feinschmeckersalat

Zutaten für 4 Personen:

1 Kopfsalat
2 Zwiebeln
1 rote, 1 grüne und
1 gelbe Paprikaschote
4 Tomaten
100 g schwarze Oliven
150 g Weintrauben
150 g Schafskäse (Pecorino)

Für das Dressing:

1 Tasse Olivenöl
1 Tasse Obstessig
1 TL Salz
¼ TL schwarzer Pfeffer
1 Bund Petersilie

So wird's gemacht:

1. Den Kopfsalat verlesen, waschen und zerpflücken.
2. Die Zwiebeln schälen und in kleine Würfel schneiden.
3. Die Paprikaschoten entsprechend putzen, waschen und in Streifen schneiden.
4. Die Tomaten enthäuten, entkernen und vierteln.
5. Die Oliven entkernen.
6. Die Weintrauben verlesen, waschen, halbieren und die Kerne herausnehmen.
7. Den Schafskäse in kleine Würfel schneiden.
8. Die Zutaten in einer Schüssel miteinander vermischen.
9. Für das Dressing das Öl und den Essig verrühren, mit dem Salz und dem Pfeffer abschmecken und den Salat damit anmachen.
10. Mit der frisch gehackten Petersilie bestreut servieren.

139

Insalata con Salsa di Gorgonzola

Salat mit Gorgonzoladressing

Zutaten für 4 Personen:

1 Kopfsalat
1 Kopf Radicchio
1 Zucchini
1 rote und
1 gelbe Paprikaschote
2 Tomaten
2 rote Zwiebeln

Für das Dressing:

100 g Gorgonzola
1 Tasse Sahne
1 Becher Joghurt
Saft von 2 Zitronen
1 TL Salz
¼ TL weißer Pfeffer
1 Prise Zucker
1 Bund Petersilie

So wird's gemacht:

1. Den Kopfsalat und den Radicchio entsprechend putzen, waschen und die Blätter mundgerecht zerpflücken.
2. Die Zucchini in hauchdünne Scheiben schneiden und in Salzwasser kurz blanchieren, herausnehmen und trockentupfen.
3. Die Paprikaschoten entsprechend putzen, waschen und in dünne Streifen schneiden.
4. Die Tomaten enthäuten, entkernen und in Streifen schneiden.
5. Die Zwiebeln schälen und in dünne Scheiben schneiden.
6. Die Salatzutaten in eine Schüssel geben und vorsichtig miteinander vermischen.
7. Den Gorgonzola in einer Schüssel mit einer Gabel zerdrücken.
8. Mit der Sahne, dem Joghurt und dem Zitronensaft glattrühren.
9. Mit dem Salz, dem Pfeffer und dem Zucker abschmecken.

10. Den Salat mit dem Dressing anmachen und mit der frisch gehackten Petersilie bestreut servieren.

Zucchini Deliziosa

Feines Zucchinigemüse

Zutaten für 4 Personen:

4 mittelgroße Zucchini
4 EL Butter oder Margarine
1 Zwiebel
2 Knoblauchzehen
2 EL Essig
1 Tasse Weißwein
1 Tasse Sahne
4 Tomaten
1 Bund Origano
½ TL Salz
¼ TL weißer Pfeffer
1 Prise Zucker

So wird's gemacht:

1. Die Zucchini waschen, putzen und in dünne Scheiben schneiden.
2. Das Fett in einem Topf auslassen und die feingehackte Zwiebel und Knoblauchzehen darin glasig schwitzen.
3. Die Zucchinischeiben dazugeben und kurz mitschwitzen.
4. Mit dem Essig, dem Weißwein und der Sahne auffüllen.
5. Zugedeckt bei mittlerer Hitze 5 Minuten köcheln lassen.
6. Die Tomaten enthäuten, entkernen, in Würfel schneiden und mit dem gehackten Origano zu den Zucchini geben.
7. Mit dem Salz, dem Pfeffer und dem Zucker abschmecken.
8. Zugedeckt nochmals 5 Minuten köcheln lassen und sofort servieren.

Le Consiglio

Kleine Zucchini sollten mit Schale und Kernen verarbeitet werden, die großen geschält, halbiert und entkernt werden.

DER TIP

Zucchini al Mantello di Lardo

Zucchini im Speckmantel

Zutaten für 4 Personen:

4 mittelgroße Zucchini
1 kleine Dose Tomatenmark
2 Knoblauchzehen
1 TL geriebene Zitronenschale
1 Bund Thymian
½ TL Salz
¼ TL weißer Pfeffer
8 dünne Scheiben durchwachsener Speck
2 EL Butter oder Margarine
1 Tasse geriebener Käse (Mozzarella)

So wird's gemacht:

1. Die Zucchini waschen und im Salzwasser 5 Minuten blanchieren.
2. Herausnehmen, halbieren und auf eine Arbeitsfläche legen.
3. Das Tomatenmark mit den feingehackten Knoblauchzehen, der Zitronenschale und dem gehackten Thymian verrühren und damit die Zucchinihälften bestreichen.
4. Mit dem Salz, und dem Pfeffer bestreuen.
5. Die Zucchinihälften zusammensetzen.
6. Mit je 2 Scheiben Speck umwickeln.
7. Eine feuerfeste Form ausfetten und die Zucchini einlegen.
8. Mit dem Käse bestreuen und im auf 200 Grad vorgeheizten Backofen 15 Minuten backen.

Finocchi al Sugo di Carne
Fenchel mit Hackfleischsoße

Zutaten für 4 Personen:

4 mittelgroße Fenchelknollen
3 EL Olivenöl
1 Zwiebel
1 Karotte
1 Stück Sellerie
200 g Hackfleisch
2 Knoblauchzehen

1 Dose geschälte Tomaten
1 TL Salz
¼ TL weißer Pfeffer
3 EL Butter oder Margarine
1 Tasse geriebener Käse (Parmesan)

So wird's gemacht:

1. Den Fenchel putzen, halbieren und in Salzwasser kurz blanchieren.
2. Das Olivenöl in einer Pfanne kurz erhitzen, das geputzte, gewaschene und in kleine Würfel geschnittene Gemüse dazugeben und kurz mitschwitzen.
3. Das Hackfleisch zum Gemüse geben und 10 Minuten köcheln lassen.
4. Die Knoblauchzehen fein hacken und mit den durch ein Sieb passierten Tomaten zum Hackfleisch geben.
5. Mit dem Salz und dem Pfeffer abschmecken.
6. Im verschlossenen Topf etwa 20 Minuten köcheln lassen.
7. Eine feuerfeste Form ausfetten und den blanchierten Fenchel darin verteilen.
8. Die Hackfleischsauce darübergeben.
9. Mit Käse bestreuen.
10. Im auf 220 Grad vorgeheizten Backofen 15 bis 20 Minuten überbacken.

Involtini di Cavolo al Pomodoro

Krautwickel mit Tomatensauce

Zutaten für 4 Personen:

1 kleiner Weißkohlkopf
200 g Mozzarella
2 EL Öl
100 g durchwachsener geräucherter Speck
2 Zwiebeln
2 Knoblauchzehen
1 Dose geschälte Tomaten
1 Bund Basilikum
½ TL Salz
¼ TL weißer Pfeffer
1 Tasse geriebener Käse (Stracchino)

So wird's gemacht:

1. Das Weißkraut putzen, die äußeren Blätter abnehmen, den Strunk herausschneiden und die inneren Blätter ablösen.
2. Die Weißkohlblätter in Salzwasser 10 Minuten blanchieren.
3. Den Mozzarella in kleine Würfel schneiden.
4. Die blanchierten und gut abgetropften Krautblätter auf einer Arbeitsfläche ausbreiten und je 3 bis 4 übereinanderschichten.
5. Den in Würfel geschnittenen Mozzarella auf die Blätter geben und zu Krautwickeln zusammenrollen.
6. Das Öl in einer Pfanne erhitzen, den in Würfel geschnittenen Speck darin auslassen.
7. Die feingehackte Zwiebel und Knoblauchzehen dazugeben und glasig schwitzen.
8. Die geschälten Tomaten durch ein Sieb zu den Zwiebeln geben.
9. Mit dem Basilikum würzen.
10. Die Krautwickel in eine feuerfeste Form schichten.
11. Die mit dem Salz und dem Pfeffer abgeschmeckte Sauce darüber verteilen.
12. Mit dem Käse bestreuen.
13. Im auf 200 Grad vorgeheizten Backofen 10 bis 15 Minuten backen.

Melanzane Ripiene

Gefüllte Auberginen

Zutaten für 4 Personen:

2 große Auberginen
½ Tasse Olivenöl
2 Zwiebeln
2 Knoblauchzehen
100 g roher Schinken
1 kl. Dose geschälte Tomaten
½ Tasse Semmelbrösel
1 Bund Petersilie
½ TL Salz
¼ TL weißer Pfeffer
1 Tasse geriebener Käse

So wird's gemacht:

1. Die Auberginen halbieren und in Salzwasser 10 Minuten blanchieren, herausnehmen und gut abtropfen lassen.
2. Das Öl in einem Topf erhitzen und die feingehackten Zwiebeln und Knoblauchzehen darin glasig schwitzen.
3. Den Schinken in kleine Würfel schneiden, zu den Zwiebeln geben und kurz mitschwitzen.
4. Die Tomaten durch ein Sieb zu den Zwiebeln passieren und so lange köcheln lassen, bis eine dickliche Sauce entstanden ist.
5. Vom Feuer nehmen und die Semmelbrösel unterrühren.
6. Die gehackte Petersilie unter die Masse mischen, mit dem Salz und dem Pfeffer abschmecken.
7. Die Masse in die Auberginenhälften füllen.
8. Mit dem geriebenen Käse bestreuen und im Ofen oder unter dem Grill überbacken.

Le Consiglio

Die Aubergine ist ein vielseitig verwendbares Gemüse. In Italien wird sie auch gerne mit Hackfleisch gefüllt als Auflauf oder mit frischen Kräutern als Gemüse serviert.

DER TIP

Peperonata

Paprikagemüse

Zutaten für 4 Personen:

1 Tasse Olivenöl
4 Zwiebeln
2 Knoblauchzehen
1 rote, 1 grüne und
1 gelbe Paprikaschote
1 Tasse Weißwein
Saft einer Zitrone
1 TL Salz
¼ TL schwarzer Pfeffer
1 Prise Zucker
4 Tomaten
1 Bund Petersilie

So wird's gemacht:

1. Das Olivenöl in einem Topf erhitzen und die in grobe Würfel geschnittenen Zwiebeln darin glasig schwitzen.
2. Die feingehackten Knoblauchzehen dazugeben und kurz mitschwitzen.
3. Die Paprikaschoten entsprechend putzen, waschen, in 1 cm große Würfel schneiden, zu den Zwiebeln geben und kurz mitschwitzen.
4. Mit dem Weißwein und dem Zitronensaft ablöschen und zugedeckt bei mittlerer Hitze 15 Minuten köcheln lassen.
5. Mit dem Salz, dem Pfeffer und dem Zucker abschmecken.
6. Die Tomaten enthäuten, entkernen, in Würfel schneiden, unter das Paprikagemüse mischen.
7. Mit der frisch gehackten Petersilie bestreut servieren.

Desserts

Früchte, die in Italien fast das ganze Jahr in bester Qualität zur Verfügung stehen, sind meist die Hauptzutaten für die herrlichsten Süßspeisen. Von Eis bis zu den vielen Kuchen und Cremes – etwas Süßes lieben die Italiener allemal.

Fragole al Pepe

Erdbeeren mit grünem Pfeffer

Zutaten für 4 Personen:

600 g frische Erdbeeren
4 EL Zucker
4 EL Butter
1 Tasse Weißwein
2 EL grüne Pfefferkörner
6 cl Amaretto di Saronno originale

Außerdem:

4 Portionen Vanilleeis
½ Becher Sahne
1 Päckchen Vanillezucker
2 EL Pistazien

So wird's gemacht:

1. Die Erdbeeren verlesen, waschen und trockentupfen. Die großen Früchte halbieren.
2. Das Fett in einer Pfanne erhitzen und den Zucker karmelisieren.
3. Mit dem Weißwein ablöschen, den Zucker darin auflösen.
4. Die Pfefferkörner dazugeben und kurz köcheln lassen.
5. Die Erdbeeren unter die Sauce mischen.
6. Mit dem Amaretto aromatisieren.
7. Das Vanilleeis portionieren.
8. Die Erdbeeren darüber verteilen.
9. Die mit dem Vanillezucker steifgeschlagene Sahne darübergeben.
10. Mit den Pistazien bestreut servieren.

Macedonia di Frutta

Frischer Fruchtsalat

Zutaten für 4 Personen:

1 kleine Honigmelone
2 Aprikosen
1 Pfirsich
1 Birne
100 g frische Kaiserkirschen
2 Kiwis
100 g gehackte Walnüsse
Saft von 2 Zitronen
1 Tasse Weißwein
½ Tasse Original Maraschino-Liqueur (Luxardo)
4 EL Puderzucker

So wird's gemacht:

1. Die Honigmelone halbieren, mit einem Teelöffel entkernen.
2. Die Melonenhälften nochmals vierteln, das Fruchtfleisch mit einem scharfen Messer von der Schale lösen und in kleine Würfel schneiden.
3. Die Aprikosen und den Pfirsich unter fließendem Wasser abwaschen, halbieren, entkernen und ebenfalls in Würfel schneiden.
4. Die Birne schälen, entkernen und in Würfel schneiden.
5. Die Kirschen entkernen.
6. Die Kiwis schälen und in Würfel schneiden.
7. Die Früchte zusammen mit den gehackten Walnüssen in eine Schüssel geben und vorsichtig miteinander vermischen.
8. Den Zitronensaft, den Weißwein und den Maraschino mit dem Puderzucker glattrühren.
9. Den Salat damit anmachen.
10. Im Kühlschrank 15 Minuten ziehen lassen und servieren.
11. Den Fruchtsalat serviert man in Italien mit oder ohne Eis.

Mele al Forno

Gebackene Äpfel

Zutaten für 4 Personen:

4 Äpfel
4 EL Butter

1 Tasse Weißwein
½ Tasse Marsala
4 cl Weinbrand
4 EL Zucker

Außerdem:

100 g Marzipan
3 EL Sultaninen
3 EL Sahne
50 g gehackte Pinienkerne

So wird's gemacht:

1. Die Äpfel mit einem Apfelausstecher entkernen.
2. Eine feuerfeste Form ausfetten und die Äpfel einsetzen.
3. Den Weißwein, den Marsala

und den Weinbrand angießen und den Zucker darüber verteilen.
4. Im auf 220 Grad vorgeheizten Backofen 15 bis 20 Minuten garen.
5. In der Zwischenzeit den Marzipan mit den Sultaninen, der Sahne und den gehacken Pinienkernen verrühren.
6. 5 Minuten vor Garende die Marzipanmasse auf den Äpfeln verteilen und mitbacken.

Pesche in Bella Vista

Schöne Pfirsiche

Zutaten für 4 Personen:

4 Pfirsiche
8 Kugeln Kirscheis
100 g frische Kirschen
6 cl Maraschino
4 cl Cynar

Außerdem:

150 g Himbeeren
½ Tasse Crème fraîche
1 Päckchen Vanillezucker
50 g geriebene Schokostreusel

So wird's gemacht:

1. Die Pfirsiche waschen, halbieren, entkernen und die Hälften nochmals teilen.
2. Die Pfirsichschnitze sternförmig auf einem Teller anrichten.
3. Je 2 Kugeln Kirscheis in die Mitte geben.
4. Die frischen Kirschen darüber verteilen.
5. Mit dem Maraschino und dem Cynar begießen.
6. Die pürierten Himbeeren mit der Crème fraîche und dem Vanillezucker vermischen und die Sauce gleichmäßig auf dem Eis verteilen.
7. Mit den Schokostreuseln bestreut servieren.

Gefüllte Eishörnchen

Zutaten für 4 Personen:

Für den Teig:

2 Eier
5 EL Puderzucker
3 EL Mehl
Butter zum Ausfetten

Außerdem:

1 Becher Sahne
1 Päckchen Vanillezucker
100 g frische Preiselbeeren
4 cl Original Maraschino-Liqueur (Luxardo)
Walnüsse zum Garnieren

So wird's gemacht:

1. Die Eier und den Zucker schaumig schlagen.
2. Nach und nach das Mehl einrühren.
3. Den Backofen auf 200 Grad vorheizen.
4. Das heiße Backblech ausfetten.
5. ¼ des Teiges auf das Backblech geben und 12 bis 15 Minuten backen.
6. Herausnehmen und zu Eishörnchen formen.
7. Weitere 6 bis 8 Minuten backen, die Hörnchen herausnehmen und so in ein Glas stellen, daß sie die Form behalten.
8. Den Vorgang so lange wiederholen, bis der Teig aufgebraucht ist.
9. Sahne mit Vanillezucker steif schlagen.
10. Die Preiselbeeren und den Maraschino unterziehen. In die Hörnchen füllen.
11. Mit den Walnüssen garniert servieren.
12. Ebenso kann man in die Eishörnchen natürlich auch Eis füllen.

Cubetti al Cioccolato

Eistörtchen mit Schokolade

Zutaten für 4 Personen:

Für den Teig:

50 g Blockschokolade
100 g Butter
50 g Zucker
2 Eier
1 Prise Salz
50 g Mehl
Butter zum Ausfetten
Mehl zum Bestäuben

Außerdem:

1 Becher Sahne
150 g Blockschokolade
2 cl Amaretto di Saronno special reserve
1 Päckchen Vanillezucker
1 Päckchen Schokoglasur
Zuckerstreusel
und Zuckerblüten

So wird's gemacht:

1. Die Blockschokolade und die Butter zerlaufen lassen.
2. Handwarm in eine Schüssel geben, mit dem Zucker und den Eiern schaumig schlagen.
3. Das Salz und das Mehl miteinander vermischen und eßlöffelweise unter den Teig ziehen.
4. Ein Backblech ausfetten und mit Mehl bestäuben.
5. Den Teig daraufgeben und glattstreichen.
6. Im auf 180 Grad vorgeheizten Ofen 15 bis 18 Minuten backen.
7. Herausnehmen, auf ein Grillgitter legen und im Gefrierschrank 1 bis 1½ Stunden frosten.
8. In der Zwischenzeit die Sahne, die Blockschokolade, den Amaretto und den Vanillezucker in einen Topf geben und auflösen, anschließend erkalten lassen.
9. Die Schokoladensahne steif schlagen.
10. Die Hälfte des gefrosteten Teiges mit der geschlagenen Schokosahne bestreichen.
11. Die andere Hälfte darüberklappen und wieder frosten.
12. Wenn auch die Schokosahne gefroren ist, herausnehmen und in Quadrate oder Rechtecke schneiden.
13. Mit der Glasur überziehen.
14. Mit Zuckerstreuseln oder Zuckerblüten verzieren und erneut frosten.
15. Die Eistörtchen können mit Kaffee serviert werden, man reicht aber auch gerne Fruchtsalat dazu.

Crespelle all' Albicocca

Palatschinken mit Aprikosen

Zutaten für 4 Personen:

3 Eier
¼ l Milch
5 EL Mineralwasser
100 g gesiebtes Mehl
3 EL Zucker
1 Prise Salz
Fett zum Ausbacken

Für die Füllung:

4 Aprikosen
4 EL Aprikosenmarmelade
1 Tasse gehackte Walnüsse
zum Bestreuen Vanillezucker

So wird's gemacht:

1. Die Eier, die Milch, das Mineralwasser, das Mehl, den Zucker und das Salz zu einem Teig verarbeiten.
2. In einer Pfanne die Palatschinken ausbacken.
3. In einer anderen Pfanne etwas Fett erhitzen.
4. Die gewaschenen, halbierten, entkernten und gewürfelten Aprikosen dazugeben und kurz mitschwitzen.
5. Die Aprikosenmarmelade unterrühren.
6. Die gehackten Walnüsse unterziehen.
7. Die Palatschinken damit bestreichen, zusammenrollen und mit dem Vanillezucker bestreut servieren.

Zabaglione con Cafe

Weinschaum mit Kaffee

Zutaten für 4 Personen:

4 Eigelb
1 Tasse Marsala
4 EL Puderzucker
2 EL Instant Kaffeepulver

Außerdem:

4 Portionen Vanilleeis
2 EL Schokostreusel

So wird's gemacht:

1. Die Eigelbe mit dem Marsala, dem Puderzucker und dem Kaffeepulver glattrühren.
2. Im Wasserbad oder auf dem Herd zu einem cremigen Schaum aufschlagen.
3. Das Vanilleeis portionieren, den Eischaum darüber verteilen und mit Schokostreuseln bestreut servieren.

Rezeptverzeichnis

Aal nach Art der Fischerin 74
Abbacchio con salsa
   di Limone 44
Anguilla alla Pescatora 74
Animelle di Vitella al Forno 47
Äpfel, gebackene 154
Arrosto di Maiale al Latte 57
Arrosto di Vitello Ripieno
   di Parma 49
Auberginen, gefüllte 147

Barchette Ripiene 22
Bistecca alla Pizzaiola 54
Braciole di Maiale
   alla Gustatore 57
Brasato di Manzo
   alla Giardiniera 55
Brodetto di Pesce Dolce
   e Amaro 32
Brotpizza 126
Bue Bollito alla Diavolo 53
Burgl's Polenta
   aus den Dolomiten 114

Calamari in Umido 64
Calamari Dorati 65
Calzone di Estate 126
Cannelloni, Großmutters 107
Cannelloni della Nonna 107
Caponata 20
Cappelletti con Broccoli 97
Cappelletti mit Brokkoli 97
Coni Ripieni 156
Cosciotto di Agnello
   alla Toscana 42
Cotelette di Agnello
   alla Pastorella 43
Cozze dello Chef 76
Crespelle all' Albicocca 157
Cubetti al Cioccolato 157

Dentice al Pomodoro 78

Eishörnchen, gefüllte 156
Eistörtchen mit Schokolade 157
Erdbeeren mit grünem Pfeffer 152

Farfalle alla Boscaiola 97
Farfalle nach Art der Holzfäller 97
Feines Zucchinigemüse 142
Feinschmeckersalat 138
Fenchel mit Hackfleischsauce 144
Fettuccine alla Marinara 98
Fettuccine Matrosenart 98
Filetsteak à la Partenopea 52
Filetto alla Partenopea 52
Finocchi al Sugo di Carne 144
Fisch am Spieß 74
Fischsuppe, süßsaure 32
Fischtopf, Genueser 68
Focaccia 126

Fonduta alla Piemontese 26
Forelle in Folie 72
Fragole al Pepe 152
Frischer Fruchtsalat 153
Fritelle di Polenta alla Scherlini 115
Fritto Misto di Mare 21
Fruchtsalat, frischer 153
Frühlingspizza 121

Gamberi alla Venezia 78
Gans, geschmorte, mit Feigen 87
Garnelen, venezianische 78
Gebackene Äpfel 154
Gebackener Tintenfisch 65
Gebackene Polenta
   nach Art von Scherlini 115
Gebratene Goldbrassen
   mit Steinpilzen 69
Gebratene Sardinen 29
Gefüllte Auberginen 147
Gefüllte Eishörnchen 156
Gefüllter Kalbsrücken
   aus Parma 49
Gefüllter Schmorbraten
   Gärtnerin Art 55
Gefüllte Schiffchen 22
Gefüllte Tomaten 24
Gegrillter Seefisch
   mit Tomatenschaum 70
Gekochtes Ochsenfleisch
   „Teufels Art" 53
Gemischte Meeresfrüchte
   gebacken 21
Gemischter Salat 133
Gemüse-Fisch-Topf 71
Gemüsepizza 123
Gemüsesuppe, Mailänder 33
Gemüsevorspeise 20
Genueser Fischtopf 68
Geschmorte Gans mit Feigen 87
Geschmorte Kalbshaxe
   „Mailänder Art" 46
Geschnetzeltes Kalbfleisch
   in Käserahm 51
Gnocchi alla Marchesa 117
Gnocchi di Patate al Basilico 116
Gnocchi di Semolino 117
Goldbrassen, gebratene,
   mit Steinpilzen 69
Großmutters Cannelloni 107
Grüne Tortellini aus Sizilien 102

Hackfleischsuppe 34
Hähnchenbrustfilets mit Speck 85
Hammelnieren 44
Heilbutt mit Frühlingszwiebeln 66

Insalata Aida 130
Insalata al Cuoco di Bordo 132
Insalata alla Boscaiola 134
Insalata Capricciosa 136
Insalata con Pasta Verde 134

Insalata con Salsa
   di Gorgonzola 140
Insalata del Buon Gustaio 138
Insalata Mista all' Italiana 133
Insalata Tutti Frutti 138
Involtini di Cavolo
   al Pomodoro 146

Kabeljau Hausmacherart 66
Kalbfleisch, geschnetzeltes,
   in Käserahm 51
Kalbsbries, überbackenes 47
Kalbshaxe, geschmorte,
   „Mailänder Art" 46
Kalbsrücken, gefüllter,
   aus Parma 49
Kartoffelklößchen Herzoginart 117
Kartoffelklößchen
   mit Basilikum 116
Käsefondue, Piemonteser 26
Klößchen, überbackene 117
Kraftbrühe mit Ei und Toast 32
Kräutermakrelen 71
Krautwickel
   mit Tomatensauce 146

Lammkeule, toskanische 42
Lammkoteletts
   nach Art der Schäferin 43
Lasagne, Piemonteser grüne,
   mit Trüffeln 104
Lasagne Verdi alla Piemontese con
   Tartufi 104
Linsensuppe mit Reis 39
Lumache alla Maremmana 22

Maccheroni ai Quattro
   Formaggi 103
Maccheroni con Pancetta
   e Besciamella 95
Maccheroni mit Speck
   und Béchamelsauce 95
Maccheroni mit 4 Käsesorten 103
Macedonia di Frutta 153
Mailänder Gemüsesuppe 33
Marinierte
   Schweinenackensteaks 59
Marinierte Zucchini 27
Meeresfrüchte, gemischte,
   gebacken 21
Melanzane Ripiene 147
Mele al Forno 154
Merlan in Safransauce 77
Merlano allo Zafferano 77
Merluzzo alla Casalinga 66
Milchlamm in Zitronensauce 44
Minestra di Carne Tritata 34
Minestra di Riso
   con Lenticchie 39
Minestra di Zucchini 38
Minestrone alla Milanese 33
Muscheln nach Art
   des Küchenmeisters 76
Muschelsuppe 36

Oca Brasata con Fichi 87
Ochsenfleisch, gekochtes,
  „Teufels Art" 53
Ossobuco alla Milanese 46

Palatschinken mit Aprikosen 157
Paprikagemüse 148
Persico alla Livornese 62
Parmaschinken mit Melone 29
Penne con Cozze e Panna 99
Penne in Muschelrahm 99
Peperonata 148
Pesce di Mare con Crema
  di Pomodoro 70
Pesche in Bella Vista 155
Petti di Pollo con Lardo 85
Pfirsiche, schöne 155
Piemonteser grüne Lasagne
  mit Trüffeln 104
Piemonteser Käsefondue 26
Pizza alla „Mamma Lucia" 122
Pizza alla Verdure 123
Pizza Frutti di Mare 124
Pizza „Mamma Lucia" 122
Pizza mit Meeresfrüchten 124
Pizza nach Art der Sirenen 120
Pizza Pirata 125
Pizza Primavera 121
Pizza Sirena 120
Pizza – Teigvariation 1   121
Pizza – Teigvariation 2   123
Pizza – Teigvariation 3   125
Pizza – Teigvariation 4   127
Polenta, Burgl's,
  aus den Dolomiten 144
Polenta della Dolomiti
  alla Burgl 114
Polenta, gebackene,
  nach Art von Scherlini 115
Pollo della Domenica 84
Pomodori al Pane Gratinati 24
Prosciutto di Parma
  con Melone 29
Putenschnitzel in Pilzrahm 82
Putenschnitzel Jägerart 82

Quadrello Marinato 59
Quaglie alla Bracconiera 88

Ravioli ai Funghi 100
Ravioli mit Champignons 100

Rigatoni al Capitano 94
Rigatoni
  nach Art des Kapitäns 94
Risotto alla Calabrese 111
Risotto alla Napoletana 113
Risotto aus Kalabrien 111
Risotto aus Neapel 113
Risotto con Gallinacci 113
Risotto con Prosciutto
  e Asparagi 110
Risotto mit Pfifferlingen 113
Rognoni di Montone 44
Rombo con Cipolline 66
Rumpsteaks mit frischer
  Knoblauch-Tomaten-Sauce 54

Salat Aida 130
Salat Capricciosa 136
Salat mit frischen Waldpilzen 134
Salat mit Gorgonzoladressing 140
Salat mit grünen Nudeln 134
Salat
  nach Art des Schiffskochs 132
Salat Tutti Frutti 138
Saltimbocca alla Velio 51
Sarde Fritte 29
Sardinen, gebratene 29
Scaloppine di Tacchino
  ai Funghi 82
Scaloppine di Tacchino
  alle Cacciatora 82
Schiffchen, gefüllte 22
Schinken-Spargel-Risotto 110
Schlemmerkoteletts 58
Schmorbraten, gefüllter,
  Gärtnerin Art 55
Schöne Pfirsiche 155
Schweinebraten
  in Milch gekocht 57
Schweinefleischspießchen 56
Schweinenackensteaks,
  marinierte 59
Scombro agli Odori 71
Seebarsch aus Livorno 62
Seefisch, gegrillter,
  mit Tomatenschaum 70
Seeräuberpizza 125
Seezungenfilets aus Palermo 73
Sogliole alla Palermitana 73

Sommercalzone 126
Sonntagshähnchen 84
Spaghetti alle Vongole 92
Spaghetti Bolognese 92
Spaghetti mit Muscheln 92
Spiedini di Maiale 56
Spiedini di Piccione 89
Stufato di Pesce
  alla Genovese 68
Süßsaure Fischsuppe 32

Täubchen am Spieß 89
Terrina di Pesce e Verdure 71
Tintenfisch, gebackener 65
Tintenfische im Tiegel 64
Tomaten, gefüllte 24
Tonno allo Spiedo 74
Tortellini, grüne, aus Sizilien 102
Tortellini Verdi alla Siciliana 102
Toskanische Lammkeule 42
Trota al Cartoccio 72

Überbackene Klößchen 117
Überbackenes Kalbsbries 47

Velio's Saltimbocca 51
Venezianische Garnelen 78
Vitello all' Uccelletto
  con Formaggio 51

Wachteln Wildschützenart 88
Weinbergschnecken
  nach Art der Maremmen 22
Weinschaum mit Kaffee 158

Zabaglione con Cafe 158
Zahnbrasse in Tomatensauce
  gedünstet 78
Zucchini alla Scapese 27
Zucchini al Mantello di Lardo 142
Zucchini Deliziosa 142
Zucchini im Speckmantel 142
Zucchini, marinierte 27
Zucchinigemüse, feines 142
Zucchinisuppe 38
Zuppa di Cipolla alla Toscana 34
Zuppa di Cozze 36
Zuppa Pavese 32
Zwiebelsuppe aus der Toscana 34

In gleicher Ausstattung sind u. a. erschienen:
Brotbacken · Grillen · Chinesische Küche · Kalte Platten ·
Salate · Vegetarische Küche · Fondues und Raclettes ·
Cocktails · Single-Küche · Vollwertküche · Flambieren ·
Garnieren und Verzieren · Thailändische Küche

ISBN 3 8068 4172 1

© 1993 by Falken-Verlag GmbH, 6272 Niedernhausen/Ts.
Die Verwertung der Texte und Bilder, auch auszugsweise, ist
ohne Zustimmung des Verlags urheberrechtswidrig und strafbar.
Dies gilt auch für Vervielfältigungen, Übersetzungen, Mikroverfilmung und für die Verarbeitung mit elektronischen Systemen.
Titelbild und Fotos: TLC-Foto-Studio GmbH, Bocholt
Satz: TypoBach, Wiesbaden
Druck: Appl, Wemding

01417284X161 514 131 211 109 817